LIDERAZGO ENFOCADO

PRINCIPIOS ETERNOS QUE ENFATIZAN EL
CARÁCTER, LA PASIÓN Y LA SANTIDAD QUE SON
ESENCIALES PARA UN LIDERAZGO EFICAZ.

ABEL LEDEZMA

T0321863

CARIBE-BETANIA

Una División de Thomas Nelson Publishers
The Spanish Division of Thomas Nelson Publishers
Since 1798 — desde 1798
www.caribebetania.com

Caribe-Betania Editores es un sello de Editorial Caribe, Inc.

© **2005 Editorial Caribe, Inc.**
Una división de Thomas Nelson, Inc.
Nashville, TN, E.U.A.
www.caribebetania.com

A menos que se señale lo contrario, todas las citas
bíblicas son tomadas de la Versión Reina-Valera 1960
© 1960 Sociedades Bíblicas Unidas en América Latina.
Usadas con permiso.

ISBN: 0-88113-910-6

Tipografía: www.marysolrodriguez.org

Impreso en E.U.A.
Printed in the U.S.A.

DEDICACIÓN

Dedico esta obra, en primer lugar, a Dios por todo lo que me ha concedido hacer. Todo viene de Él y todo es para Él.
La dedico también a mi esposa Rosye, a mi hijo Abel Isaac y a mi hija Damaris.
A la congregación Centro Familiar Cristiano.
Cada una de las familias que representa esta iglesia es parte importante en mi vida. Gracias, CFC, por permitirme ser el líder que Dios ha diseñado en mí, un líder enfocado en su propósito.

AGRADECIMIENTO

Ningún proyecto realizado que haya impactado la historia o la vida de una persona ha sido el esfuerzo de uno solo. Se requiere un equipo que haga que uno se vea mejor y muestre lo mejor de lo que tiene. Por eso agradezco infinitamente a Dios por la oportunidad que me ha dado de llegar con este tercer proyecto literario. A Dios le debo todo este esfuerzo.

También doy gracias a Dios por mi esposa Rosye, mi hijo Abel Isaac y mi hija Damaris. Ellos han sido siempre el motivo de seguir adelante enfocado en la misión más importante que me ha dado. Gracias familia por su apoyo.

También le agradezco a Mary Cervantes, mi asistente administrativa, por su apoyo incondicional hacia mi persona y ministerio. A Víctor Munguia por estar siempre al tanto de todo lo que he estado haciendo. Tu apoyo y respaldo han sido de mucha bendición. A Martha Pinada por ayudar con el manuscrito de este libro.

Le agradezco a Dios por las tres organizaciones que me ha permitido dirigir con todo el equipo de líderes de Centro Familiar Cristiano (CFC), Centro de Asesoría en Mayordomía (CAM) y *Liderazgo Enfocado*. Cada uno de los líderes, que son parte de estas tres organizaciones, han sido una parte clave de todo el éxito y los logros que juntos hemos podido experimentar. Gracias por todo lo que han hecho a favor de mi persona, por creer en mí como su líder.

Siempre viviré agradecido a Dios por las oportunidades que me ha dado y la vida, y por todas las experiencias que me ha permitido vivir.

~ Dr. Abel Ledezma
Liderazgo Enfocado

ÍNDICE DE LOS CAPÍTULOS

EQUIP
Equipping Leaders to Reach Our World

16 de agosto de 2001

A quien pueda interesar

Abel Ledezma ha sido mi amigo y colega en el ministerio desde que trabajaba en el equipo pastoral de la Iglesia Skyline Wesleyan en San Diego, California. Luego sirvió como ministro asesor en Injoy Stewardship Services, donde trabajó con iglesias a través de los Estados Unidos para mejorar su función ministerial.

Mi viejo amigo y antiguo ministro asociado, Abel, está muy bien versado en liderazgo eficaz. Como fundador y pastor de una iglesia exitosa, enseña estos principios basado en su propia experiencia. Sus años de labor ministerial en la cultura hispana lo capacitan para comunicar poderosa y contextualizadamente. Recomiendo su ministerio a la comunidad hispanoparlante.

Sinceramente,

John C. Maxwell
John C. Maxwell

RECOMENDACIONES

Hablar de liderazgo es enfocar un tema muy cercano al corazón de Dios. Basta ya con el conformismo de hacer las cosas «como salgan» y muchas veces, sin que salgan a final de cuentas. Aplicar los principios que cosechamos de la vida de David, como acertadamente lo ha hecho el doctor Ledezma, y haciéndolo en forma práctica y didáctica como está organizado este texto, ayudará a la consolidación de muchos ministerios. El doctor Ledezma respalda su escrito con años de experiencia y éxito en su propio liderazgo, así que no habla solamente por teoría, sino por principios comprobados con su propia vida y trabajo.

~ *Dr. Abel Mellado Prince*
Pastor Titular Iglesia Evangélica San Pablo
Playas de Tijuana, B.C., México

Liderazgo Enfocado es una respuesta clara del Espíritu Santo a quienes estamos en una posición de liderazgo para que nos detengamos y evaluemos qué es más importante: nuestra relación con Dios o la obra de Dios.

~ *Pastor Frank Vega*
Pastor principal de la Iglesia Fuente De Vida Mount Kisco, NY
Programador del programa radial Desarrollando tu Liderazgo

Tengo varios años de conocer a Abel. Durante este tiempo no sólo he tenido la oportunidad de conocer su iglesia, también he podido ver el fruto de su trabajo en otros países. Abel ha mostrado ser un hombre de integridad en público y en privado. Estoy seguro que este libro está lleno de principios que serán valiosos para aquellos que lo lean y apliquen a su vida.

~ *Jeffrey D. De Leon, Ph.D.*
Presidente Liderazgo Juvenil
www.liderazgojuvenil.com

Los principios de *Liderazgo Enfocado* fueron nuestro tema de discusión mientras me asesoraba en las primeras etapas de mi pastorado. *Liderazgo Enfocado* es lectura obligatoria para cualquier líder emergente que sea serio en el logro de los objetivos.

~ *Pastor Sergio De La Mora*
Cornerstone Church of San Diego

vii

Abel Ledezma, con su experiencia laboral y su relación amistosa con John Maxwell, es uno de los maestros sobre el tema del liderazgo de más alto vuelo en América Latina. El calibre de un líder se define no solamente por las cosas que hace cada día con éxito, sino también por las que exitosamente decide dejar de hacer. Mi recomendación es que deje de hacer algunas de esas cosas que lo distraen, tome este libro y separe tiempo para aprender de uno de los mejores maestros en el tema de liderazgo que conozco en el continente.

~ *Dr. Andrés Panasiuk*
Vicepresidente Conceptos Financieros Crown

Tenemos en la actualidad tal crisis de liderazgo en las naciones latinoamericanas que infortunadamente ha llegado al ámbito de las iglesias. Existe mucho liderazgo improvisado, resultado de la falta de previsión para la forja de nuevas generaciones, por lo que emergen líderes para tomar posiciones que cubrir, sin una visión de lo que se quiere alcanzar. El libro del doctor Ledezma viene a contribuir de manera significativa aportando experiencia, enseñanza y motivación para desarrollar liderazgos que lleven a la iglesia local a alcanzar su máximo potencial, a través de líderes comprometidos conforme al corazón de Dios.

~ *Dr. Carlos E. Perea Zaldívar.*
Coordinadora Estatal de Alianzas Evangélicas de Baja California, México.
Coordinador General. Miembro Fundador de la Asociación «Por un México mejor, A.C.»
Representante Regional de la Confraternidad Evangélica de México. CONEMEX

Liderazgo Enfocado es la respuesta a la necesidad que ha existido por mucho tiempo dentro del liderazgo hispano.

~ *Lic. Hugo Martínez*
Director de YFN (Jóvenes para las Naciones)
en el Instituto Cristo para las Naciones de Dallas, Texas.

Introducción

«En cada época llega el tiempo cuando el líder debe sobresalir para suplir las necesidades del presente. Así que no hay ningún líder con potencial que no pueda hallar su tiempo. Trágicamente, hay tiempos cuando el líder no se levanta para ese presente». Esta frase desafió mi vida y me ayudó a entender la importancia del liderazgo. Siempre como líderes vamos a tener la oportunidad para levantarnos ante las demandas que están a nuestro alrededor. Cuando el líder se levanta para satisfacer esas demandas es desafiado a mantenerse enfocado en lo que Dios lo ha llamado a desempeñar.

Como líderes siempre tenemos cosas que hacer, vivimos una vida ocupada, y es muy fácil perder la dirección del rumbo que Dios nos delegó. El secreto para llegar a la meta es mantener el enfoque durante la jornada. Se requiere un liderazgo enfocado para ser un líder eficaz. Uno conforme al corazón de Dios.

Desde 1981 he estado aprendiendo estos principios de liderazgo bajo la autoridad de John Maxwell. Hasta la fecha él ha sido uno de mis mentores en este tema. A través de los años esos principios me han ayudado, en mi vida como líder, a llegar a las metas y propósitos que Dios ha puesto en mi camino. Ahora, a través de este libro, quiero contribuir al compartir con cada lector los conceptos de liderazgo que he aprendido durante mi carrera. Mi deseo es que al hojear estas páginas su vida sea desafiada al crecimiento y se mantenga enfocada hasta llegar a su destino.

~ *Dr. Abel Ledezma*
Autor

ix

EL LÍDER ENFOCADO EN SU RELACIÓN CON DIOS

uno

El liderazgo está rodeado de muchos desafíos, así que su relación con Dios es esencial.

Tengo ya varios años aprendiendo y enseñando sobre el tema de liderazgo. Y una de las características de todo líder es que debe estar ocupado. La mayoría de los líderes están demasiado ocupados, tanto que muchas veces no tienen tiempo para su familia, para descansar, para estudiar ni para Dios. Yo mismo he sido culpable de esto.

Empezamos entendiendo nuestro llamado y vocación, pero algo sucede en el camino que nos desenfocamos del propósito y de la persona que nos llamó. ¿De dónde recibe sus fuerzas para seguir un año más? ¿De dónde recibe sus fuerzas para seguir un mes más? ¿De dónde recibe sus fuerzas para seguir una semana más? ¿De dónde recibe sus fuerzas para seguir un día más? *Muchos de nosotros estamos tan ocupados en la obra del Señor que no tenemos tiempo para el Señor de la obra.* Conocemos tanto la mecánica de la organización que no necesitamos mucho o nada de Dios. Pero después de muchos intentos con nuestras propias fuerzas llegamos a un punto donde estamos derrotados y derribados. Llegamos a un punto en que es muy difícil regresar.

De la vida de David quiero compartir con usted algunos aspectos importantes antes de comenzar. Lo primero es que nadie puede enseñarnos mejor sobre la intimidad con Dios que David. No sé si usted ha tenido tiempo de estudiar su vida y sus salmos. Cuando estaba siendo perseguido por Saúl, la forma en que buscaba a Dios, la manera en que se acercaba más a Dios, etc. David entendía la importancia de tener una relación saludable con Dios, pero no solo la entendía, la vivía.

Si deseo seguir desarrollando una relación saludable y fuerte con Dios, sólo tengo que leer los salmos. Cuando quiero hacer algo, me pregunto: ¿Cuál es la forma más apropiada? Creo que a través de los salmos es la mejor manera en que puedo buscar a Dios más de cerca. Porque cuando los leo la presencia de Dios se manifiesta. Y puesto que David lo estaba viviendo palpablemente, como que transmite su experiencia al que lee los salmos que compuso. Ese es el resultado de haber estado en la presencia de Dios. Los salmos de David registran no sólo la vida que vivió, también apuntan el corazón que tenía para con Dios.

En segundo lugar, quiero decirles que llegar a ser un líder conforme al corazón de Dios debe ser la meta más importante de cada uno de nosotros. Esa debe ser mi meta y su meta: ser un líder conforme al corazón de Dios. Sería una maravilla vivir la vida y que se diga de ella que fuimos unos líderes conforme al corazón de Dios.

Los líderes que he conocido a través de la historia, muchas veces han estado ahí por motivos equivocados, ¿por qué? Porque a veces queremos ser conocidos por todas las cosas que realizamos, queremos ser conocidos como el líder que edificó una gran organización, queremos ser conocidos como el líder que ha desarrollado un buen programa de crecimiento, que dirigió y levantó a otros líderes, pero cuando llegamos a la conclusión de todo el asunto, lo primordial es que se diga que fuimos conforme al corazón de Dios.

¿De qué sirve edificar una organización grande o ciertos programas, o saber toda la Biblia al revés y al derecho, y haber perdido ese acercamiento con Dios? Creo que lo mejor que podrían poner en nuestra tumba sería: «Este fulano de tal fue un hombre conforme al corazón de Dios». Esa es una práctica que tenemos que cultivar día tras día. Si usted se fija cómo mentimos en los funerales, ¿no es cierto?, mientras la persona está viva nos cae mal, pensamos que no tiene nada de Dios, pero cuando muere decimos: «Fulano de tal fue un gran hombre» o «¡Cómo amaba a su familia!». Yo creo que donde hay más mentiras es en las bodas y en los funerales. Bueno, esa es mi opinión personal. No hay sinceridad porque tenemos miedo de lastimar al muertito, pero este ya no va a ser lastimado. No tenemos que ser groseros, pero tampoco tenemos que mentir al usar palabras espirituales sobre la vida del difunto. Se va a reflejar en su vida, y en mi vida, lo que estamos viviendo hoy en día.

Lo tercero que pretendo decir sobre David es que la meta es que lleguemos a ser líderes conforme al corazón de Dios. Si hay algo que quiero lograr en este capítulo es llevarlos a la comprensión de la importancia de llegar a ser líderes conforme al corazón de Dios. ¿Cómo es que se mira un corazón por Dios? Bueno, vamos a hablar de nuestra relación con Dios, los unos con los otros y aun la conyugal, lo cual es muy importante.

En este capítulo veremos al líder enfocado en su relación con Dios. O sea, la necesidad del líder de establecer intimidad con su Dios. En otras palabras, consideraremos el Salmo 23. ¿Quién no conoce este salmo? Probablemente es el más conocido de todas las Escrituras. Puesto que estamos muy familiarizados con este salmo, vamos a caminar por él y aplicar sus principios maravillosos en la vida del líder.

Estar en la cima es muy solitario. Estar arriba como líder, es estar sobre cierta posición, es estar en un lugar aislado. Es por eso que necesitamos tener una relación activa con Dios y saber por qué estamos ahí, para no estar solos. Nuestra relación con Dios es esencial para mantenernos como líderes pese a la soledad.

«Estar en la cima es muy solitario, así que hay que saber por qué estamos allí». Porque si no lo sabemos, nos vamos a sentir más solos aun, pero si estamos conscientes de ello entendemos el propósito de Dios en nuestra vida, y no vamos a estar solos.

¿Por qué el liderazgo puede ser muy solitario? Una de las cosas más importantes es que el liderazgo puede hacer desarrollar una relación estable con Dios. Si algo deseo lograr es poder desarrollar una relación fuerte con Él. Necesitamos a alguien que esté más cerca de nosotros que un hermano, como dice la Biblia. Una de mis prácticas al estar solo es mantenerme orando. Aun cuando voy en un avión procuro orar, cuando estoy solo en un hotel simplemente hablo con Dios, ya sea cantando u orando.

Siempre que estoy con gente me dedico a convivir con ellos, y realizar alguna actividad juntos. Pero al estar solo, tomo ese tiempo para hablar con Dios. Ahora bien, es importante tener un lugar apartado para pasar un tiempo con Dios, además que como líderes espirituales es muy significativo contar con ese lugar donde podamos invertir tiempo con Él.

Hay una relación entre separar un lugar para estar en la presencia de Dios y retirarse de todas las demandas que la misma vida nos exige. Es difícil buscar a Dios entre tanto ajetreo. La búsqueda de Dios es un acto sagrado para nosotros, que se desarrolla en santidad y en un lugar sagrado. Es decir, todo lo que involucra ese acto es sagrado. Ese lugar en el que nos apartamos con Dios llega a ser santo para nosotros. Yo, por ejemplo, tengo dos lugares sagrados: mi oficina, en casa, y Dictionary Hills en la ciudad de Spring Valley, California. Cuando puedo trabajar en la primera me dedico a estudiar, leer libros, investigar en mis biblias. El segundo, a donde acudo una vez al mes es esa linda montaña que tiene una vista hermosa de la ciudad de San Diego. Tengo la costumbre de visitarla unos quince a treinta minutos; no importa la actividad del día que tenga, sino lo que hago ahí, simplemente orar por el pueblo, por la ciudad, por la iglesia y por mí mismo. Cuando no estaba pastoreando, oraba por la ciudad. Es una costumbre que nunca he dejado. Pero ¿por qué? Porque son lugares muy especiales para mí. Sin embargo, creo que para muchos ese lugar puede ser el clóset, el baño, el carro, el garaje o cualquier otro, pero debe ser uno apropiado, y donde usted dedique su tiempo a Dios.

La persona que suple nuestras necesidades como líder, es Dios.

«La intimidad no sucede en el vacío». El hombre es demasiado inseguro para llegar a ser invulnerable y receptivo a lo desconocido. Debe haber en el hombre una trayectoria de confianza. ¿Por qué? Porque somos inseguros, y personas vulnerables, si no hay esa trayectoria de confianza, no habrá ciertos logros en nuestra vida, y vamos a vivir con temor en nuestros corazones.

Ante los ojos de Dios cada uno de nosotros, aunque seamos líderes, somos ovejas. En Isaías 53:6 se nos dice que todos nos descarriamos como ovejas, y cada uno se apartó por su lado, por eso necesitamos tener una relación con Dios, porque somos muy dados a apartarnos del pastor, y tenemos que entender quién es el gran Pastor, quién es nuestro Pastor, quién fue el que nos llamó.

Permítame ofrecer algunas observaciones sobre las ovejas:
Primero: Las ovejas no son animales inteligentes, por lo tanto son tontos, y dicen que nosotros somos como ovejas. Eso quiere decir que no somos muy inteligentes. Aunque creo que no es bueno para nosotros, ¿verdad?, es la realidad. ¿Cuántos de ustedes han visto a un circo cargando ovejas para que brinquen o hagan sus trucos? Es muy raro encontrar en uno de ellos ovejas. No va a encontrar ovejas en un circo. Las encuentra en las ferias, peinadas, y con la lana cortada para ver si ganan el primer premio en un concurso, pero en un circo no las verá. En una historia que leía acerca de ellas decía que cualquier entrenador de animales dice que es imposible entrenar a una oveja para que realice ciertos actos. En primer lugar porque tienen muy mala memoria, y muy rápido se extravían. Son como nosotros: ¿dónde estoy? ¿cómo llegué aquí? ¿por qué? Porque no es un animal muy inteligente.

Segundo: Las ovejas son muy vulnerables. No solo son muy tontas, tampoco tienen manera de protegerse, déjeme hablarle de esto. No tienen manera de protegerse a sí misma. No se les dio protección como al zorrillo, que cuenta con su olor, de modo que cuando ve el peligro, su defensa es aventar su orín putrefacto. Eso no se les dio a las ovejas para protegerse. O como las uñas de un gato, que cuando se siente amenazado lo primero que saca son sus uñas; y así hay muchos animales que tienen una forma u otra de protegerse. Sin embargo, de todos ellos las ovejas son caracterizadas como las menos protegidas. Si tienen demasiada lana, al quedar atrapadas en unos matorrales, quedan atoradas cual presa fácil del león u otro animal feroz. Si llega a caer en el agua, rebasa su peso y pronto se ahoga. Por eso a veces el pastor tiene que estar trasquilándolas, dándoles mantenimiento, porque si una de ellas llega a caer en el agua automáticamente por el peso de su lana se hunde, pues no saben nadar, lo cual les sería innecesario. Así que son animales que no tienen sentido de protección.

Tercero: Las ovejas tienen instintos muy limitados respecto al peligro; no solo están sin protección sino sin defensa. Los que pastorean ovejas dicen que son muy inocentes, muy dadas al peligro; por ejemplo, son vulnerables a la mordida de una víbora. En efecto, ¿sabe lo que se dice de las ovejas? Que si su líder, el pastor, cae en un hoyo, lo siguen porque para ellas no hay peligro ni preocupación por la persona que iban siguiendo, y si esa persona cayó es normal para ellas. No captan el peligro.

Cuarto: Para sobrevivir, las ovejas tienen que depender completamente del pastor. Hay una cosa que deben comprender: para tener éxito en cuanto a la protección, la comida y el agua, ellas dependen totalmente de su intimidad y cercanía con el pastor. Si van a alcanzar su madurez y potencial deben depender del líder.

Ahora Dios es nuestro pastor, un Padre que nos ama, y creo que hay algunas cosas que hacen que los salmos resalten de la mayoría de los demás libros del Antiguo Testamento. Cuando usted ve a Dios en el Antiguo Testamento, es presentado como el Santo, Majestuoso, Maravilloso, pero en los salmos uno obtiene un cuadro diferente de Dios. Allí está como el Padre cercano, que desea tener una relación con nosotros. Si no, fíjese en los salmos que David escribió. Aunque habla de su majestad, también habla de una amistad, una relación íntima con Dios. David empieza a hablar de una relación viviente que depende de su Pastor. El salmo 23 nos demuestra que nuestras necesidades son suplidas por la respuesta amorosa de Dios. Como nuestro Pastor, Dios suple todas nuestras necesidades. Vamos a estudiar sobre este Pastor.

Nosotros mismos, como líderes, necesitamos ser pastoreados, y el salmo 23 es nuestra base. Recorramos este capítulo y tomemos los versículos para ver las necesidades que usted y yo tenemos como líderes, y luego observaremos el nombre de Dios y cómo las dos cosas pueden estar relacionadas. Su nombre nos demuestra que puede suplir nuestras necesidades. Ahora vamos a tomar ocho puntos acerca de nuestras necesidades para aplicar los nombres de Dios.

1. Mi necesidad: Protección.

El nombre de Dios, Jehová-Roi, quiere decir: «El Señor es mi Pastor». Dios es llamado pastor por Jacob, la primera referencia como tal es una frase que Jacob formula en Génesis 48:15, cuando dijo: *«El Dios que me mantiene [pastorea] desde que yo soy hasta este día».* Esta es la primera mención que se le da a Dios como Pastor. En otras palabras, Jacob dijo: «He encontrado que Dios ha sido un pastor para mí». Jacob es un ejemplo claro del líder que vivió en la «montaña rusa», con subidas y bajadas, entradas y salidas, buenos y malos días. Jacob el engañador dice algo significativo sobre el pastor: «Yo he huido del Pastor, pero Él nunca ha huido de mí». El pastor sabe dónde está esa oveja que se ha descarriado, que anda en subidas y bajadas. A pesar de que Jacob estuvo huyendo de Dios, como la oveja que huye del pastor, Dios fue pastor para Jacob todo ese tiempo. Ya anciano, Jacob comprendió que había experimentado a Jehová-Roi, «Él es mi Pastor».

[¿CÓMO SON LAS OVEJAS?]

Primero, no tienen dirección.

Si usted las deja solas no tienen noción de a dónde ir, si al norte o al sur; simplemente son animales sin dirección, solamente siguen al pastor. Cuando Jacob quería salirse del carril de Dios, iba sin dirección, era Dios el que tenía que mantenerlo dentro del carril.

Segundo, son independientes.

Si usted las deja, se van solas. Ejemplos hay muchos en la Biblia, pero tomemos el de las cien ovejas. ¿Qué pasó con la única que se fue, que quiso ser independiente¿ El pastor dejó a las noventa y nueve para buscar a la perdida. Como no son muy inteligentes piensan que pueden actuar por sí solas, o más bien, no piensan. ¿Acaso no nos identificamos con ellas? Así somos los humanos, no solo sin dirección e independencia sino inocentes, cual ovejas no sabemos cómo protegernos a nosotros mismos. Cuando andamos como las ovejas —errantes, cerca de los lobos o atrapadas en algún arbusto debido a la lana—, no sabemos cómo protegernos a nosotros mismos, y necesitamos a Jehová-Roi, el Pastor divino.

[LA TRIPLE TAREA DEL PASTOR]

1. Dirige a las ovejas con el ejemplo.

Hebreos 13:7 afirma: «*Acordaos de vuestros pastores, que os hablaron la palabra de Dios; considerad cual ha sido el resultado de su conducta, e imitad su fe*». El pastor dirige a las ovejas a través del ejemplo. Es interesante que en el versículo anterior no dice: «Considerad el resultado de su sermón» o «el resultado de cómo canta o enseña». El pastor comprende que dirige a través del ejemplo; él determina la dirección de las ovejas.

Leyendo la historia de un rancho de ovejas, me llamaron la atención los perros ovejeros y cómo cuidan a las ovejas. Puede que sean cinco mil ovejas, sin embargo un pastor y cinco o seis perros ovejeros es todo lo que se necesita para pastorearlas. El pastor se mueve en la dirección que deben seguir, camina enfrente pero en medio del rebaño, y los perros corren alrededor del rebaño, a las orillas y detrás, simplemente manteniendo el orden y asegurándose que vayan detrás del pastor.

El trabajo de los perros es mantener a las ovejas tras el pastor. Algunas ovejas que no quieren caminar durante el camino ven algo que les llama la atención y el perro se encarga de regresarlas al rebaño. Los perros hacen que las ovejas estén enfocadas en el pastor, y el trabajo de este es llevar al rebaño al sitio correcto, a pastos verdes, y a donde tengan agua todos los días. Ahora nosotros, como líderes, somos como los perros ovejeros, (no lo malentienda, simplemente es para ilustrar nuestra responsabilidad). En muchas maneras esta verdad puede aplicarse a nosotros como líderes. Nuestro trabajo es que la gente se enfoque en el Pastor de pastores ¿Acaso no es así? Cuando vemos que una oveja se desanima, nuestro trabajo es ir a tratar de enfocarla en el redil nuevamente, para que se mantenga en intimidad con Dios. Por eso Dios nos ha puesto al cuidado del rebaño, mientras el Pastor —que es nuestro Señor Jesucristo— nos lleva a aguas frescas y lugares verdes.

Ahora veamos la ilustración desde otra perspectiva. Si usted es pastor iría al frente del rebaño, pero si es líder tendría un pastor, además que en sentido figurado sería como los perros ovejeros (de nuevo, no es para ofender). Simplemente ese sería su trabajo. Cuando en una organización hay visión y dirección, el trabajo del líder es llevarla a concretar esa visión, y la única manera de lograrlo es que usted como líder mantenga a la organización mirando hacia el pastor, hacia donde va la visión del pastor.

En el momento en que usted como líder se descuida de su objetivo, las ovejas se van a descarriar y a desviar, y no se cumpliría el propósito.

2. Alimenta a las ovejas.

Juan 21:15 afirma: «*Cuando hubieron comido, Jesús dijo a Simón Pedro: Simón, hijo de Jonás, ¿me amas más que éstos? Le respondió: Sí, Señor, tú sabes que te amo. El le dijo: Apacienta mis corderos».* En otras palabras, alimenta a mis ovejas. No podemos dar lo que no tenemos, necesitamos tener primero un acercamiento con Dios, si vamos a llevar a la gente a una intimidad y relación con Dios. De otra manera para que yo pueda alimentar a las ovejas, primero tengo que alimentarme de Dios, y para que usted pueda alimentar a su rebaño lo primero que tiene que hacer es alimentarse de Él. Tiene que invertir tiempo con Dios hasta que se diga de usted lo que se ha dicho de los grandes líderes que han buscado de Dios. La gente podía notar que habían estado con Cristo. ¿Puede notar nuestra gente que hemos estado con Cristo? Recuerda la experiencia de Moisés al bajar de la montaña. Josué tuvo que ponerle un velo, porque era tremendo aquello. ¿Hemos estado con Dios? ¿Estamos preparándonos? Porque es nuestra responsabilidad alimentar las ovejas y eso es muy importante, no podemos dar lo que no tenemos.

La gente sabe cuando estamos con Dios, pero también sabe cuando no hemos estado con Él.

3. Protege a las ovejas.

Hebreos 13:17 señala: *«Obedeced a vuestros pastores, y sujetaos a ellos; porque ellos velan por vuestras almas»* La palabra «velan» significa proteger. Somos responsables de cuidar a las ovejas del enemigo, y velar por ellas. Hay una necesidad de proteger y velar por la organización con integridad, el no permitir las divisiones, chismes o falsas intrigas que entran —eso es proteger y velar. Es nuestra responsabilidad poner a las ovejas en el redil en la noche y acostarnos a la entrada para proteger al rebaño. La única manera de protegerlas es cuando las llevamos al redil y nos acostamos a la puerta. Así sabremos quién entra y quién sale. Pero muchas veces dejamos la puerta desatendida y nos vamos a acostar junto con las ovejas.

[LA RESPONSABILIDAD DEL LÍDER]

1) Dirigir. No estamos detrás de nuestras ovejas, sino que somos los primeros en comprometernos en todo, comprometernos en primer lugar con Dios y luego con nuestro tiempo, talentos y tesoros. Es muy fácil apuntarle a la gente por dónde ir, pero la Biblia no nos llama a apuntar, sino que nos llama a dirigir, y la única manera de dirigir es dando el ejemplo, dejando huellas detrás de nosotros.

2) Alimentar. Debemos ofrecerles un buen alimento. Cuando acuden a nosotros debemos alimentarlos con la Palabra de Dios. Como líder, usted debe estar instruyendo y alimentando a su gente; además debe prepararse para ofrecer el mejor platillo. Su enseñanza de la semana próxima debe ser aun mejor que la de la semana pasada.

3) Interceder. Debemos interceder por ellas, mantenernos pidiéndole a Dios que las ayude y las proteja de cualquier ataque del enemigo, y como líderes debemos hablarle a Dios de la gente. Eso es interceder y también hablarle a la gente de Dios.

2. Mi necesidad: Pan

El nombre de Dios es Jehová-Jireh, «El Señor proveerá». El versículo número 1 del Salmo 23 dice: «*Nada me faltará. En lugares de delicados pastos me hará descansar*». El pan incluye todas nuestras necesidades físicas, materiales, emocionales y financieras. Cualquier cosa que mantiene el cuerpo y el alma. Abraham le dio el nombre a Dios después que le proveyó un animal para el sacrificio, en lugar de sacrificar a Isaac. En Génesis 22, Jehová Jireh es uno de los pocos nombres que se le ha proporcionado a Dios, por el hombre, en lugar de ser revelado por Dios mismo. La mayoría de los nombres de Jehová han sido revelados por Dios mismo; pero es aquí a donde

Abraham le atribuye este nombre a Dios. Ya conoce la historia de Abraham al obedecer a Dios para ofrecer en sacrifico a su hijo Isaac. Este nombre fue otorgado en el versículo número 14 de Génesis 22: «Y llamó Abraham el nombre de aquel lugar, Jehová proveerá [Jehová-Jireh]. Por lo tanto se dice hoy: En el monte de Jehová será provisto».

Esto me recuerda la historia de una ancianita que siempre le pedía al Señor que le proveyera comida. Su vecino la aborrecía por la vida cristiana que llevaba, y siempre la escuchaba que oraba e intercedía pidiéndole a Dios por comida. Así que pensó jugarle una broma, yendo al supermercado a comprarle dos bolsas de provisiones. Las puso en la puerta de la casa, tocando esta y corriendo a esconderse. Cuando la ancianita abrió y observó las bolsas le dio gloria a Dios por lo que encontró. Su vecino escondido esperaba el momento para burlarse de ella, por lo que le dijo a la ancianita que él las había comprado. La viejita seguía dándole la gloria a Dios, mientras su vecino enojado le enseñaba el recibo de la compra. Sin embargo, ella continuaba dando gracias a Dios porque usa aun hasta al enemigo para bendecirla.

¿Sabe?, no importa, el Señor usará cualquier manera para suplir nuestras necesidades. La cuestión es creerle a Dios porque hay una gran diferencia entre creer en Dios y creerle a Dios. El noventa por ciento de los cristianos creen en Dios, el diez por ciento le cree a Dios. Es aquí donde tenemos que creerle a Dios que suplirá conforme a sus riquezas en gloria.

Como líderes muchas veces estas necesidades son las que nos desvían del enfoque que debemos tener en Dios. Nos preocupamos demasiado por el pan o las necesidades del mañana, y eso nos lleva a que nos olvidemos del Dios de hoy.

Corrie Ten Boon dijo: «Podemos poner nuestro futuro desconocido en un Dios conocido».

3. Mi necesidad: Estabilidad

El nombre de Dios Jehová-Salom, «el Señor es mi paz» (v. 2) «...junto a aguas de reposo me pastoreará». Dios le reveló este nombre a Gedeón. El Señor vino a Gedeón y le dijo que debería de dirigir a su pueblo a la victoria en contra de los madianitas. Gedeón sintió que era muy pequeño para la tarea, declarando que era el menor de los hijos de su padre, además de que ellos eran los últimos de la tribu de su familia; que a la vez eran los menos de las doce tribus de Israel. Pero Dios se reveló a sí mismo a Gedeón, que ya era lo suficientemente maduro como para hacer la tarea. Por esta manifestación Gedeón dijo: *«Ah, Señor Jehová, que he visto al ángel de Jehová cara a cara»* (Jueces 6:22), y Dios le responde a Gedeón: *«Paz a ti; no tengas miedo, no morirás»* (Jueces 6:23); luego Gedeón edificó un altar al Señor y lo llamó: «Jehová-salom» (Jueces 6:24), que significa Jehová es nuestra paz. Gedeón aprendió que cuando se enfrentara a una tarea, que era temerosa o amenazadora, Jehová-salom podía traer paz a su corazón. En otras palabras, Dios da la paz antes de una batalla, y no estamos hablando sobre una seguridad después de la victoria o de una paz que sintamos al celebrar la victoria, sino antes de que Gedeón saliera a la batalla, Dios ya se lo había revelado. Así es Dios, se revela a sí mismo a nosotros antes de las dificultades grandes que podamos pasar. La paz que Dios le dio a Gedeón era la seguridad que necesitaba, la cual lo llevó a la cima. Dios da su paz aun en medio de la tormenta, y Dios estará con nosotros a través de las tempestades de la vida. El asunto no es si vamos a tener tormentas o si podemos evitarlas, el asunto es que Dios estará con nosotros. Los tres hebreos no evitaron el fuego, sólo tuvieron al Señor durante el fuego (Isaías 43:2). Como líderes tenemos que mantener nuestro enfoque en el Dios que servimos.

Nuestro Dios es real, y debemos vivir con la confianza que Dios es una realidad en nuestras vidas.

4. Mi necesidad: Sanidad

El nombre de Dios: Jehová-Rophe: «el Señor tu sanador», «*confortará mi alma...*» (v. 3). Las ovejas no pueden protegerse a sí mismas, por lo que a menudo necesitan ser sanadas. Como ya lo mencioné, ellas no tienen instinto de defensa, así que necesitan protección y mucha sanidad, pero para que podamos ofrecer sanidad a la gente que servimos, uno mismo como líder debe estar sano. Si en su organización le han lastimado como líder y guarda esas cosas en su corazón no podrá ser un instrumento para la sanidad de su gente.

Un líder lastimado lastima. Las ovejas hacen cosas muy tontas, y se lastiman a sí mismas o entre sí. El pastor tiene que estar dispuesto a limpiar, ungir y vendar las heridas de las ovejas.

[
TRES ÁREAS EN QUE LOS LÍDERES NECESITAN MÁS SANIDAD
]

Mi experiencia es la siguiente:

1) La crítica. No debemos permitir que la crítica nos llegue a lastimar. Como líderes vamos a ser continuamente criticados o cuestionados. Por eso necesitamos sanidad en esa área o de otra manera seremos lastimados constantemente.

Necesitamos la sanidad de Dios para que nos ayude a amar a nuestros críticos. De la manera que algunas personas critican, usted pensaría que se les paga por ello ¿no es cierto? Así que la pregunta no es si voy a ser criticado. Porque si usted es un líder, usted está al frente y va a llegar a ser un blanco muy fácil. Este tiempo para mí ha sido de formación viendo que Dios me ha estado sanando de todo eso, y lo está haciendo bien porque yo lo estoy permitiendo. Quiero advertirles a todos ustedes que habrá críticas, porque no todos estarán de acuerdo con lo que haga.

2) La soledad. Como líderes siempre vamos al frente, eso puede causar que nos sintamos solos. No siempre todos se quedarán con nosotros. He encontrado que en la jornada de todo líder habrá gente que caminará con uno siempre, pero también la habrá que no querrá andar con uno. Además, habrá gente que no podrá andar con uno y, por último, habrá la que no deberá andar con uno siempre. ¿Por qué? Porque el trabajo del líder es muy cansado, se demanda mucho y es muy comprometido, y no todos quieren pagar el nivel de responsabilidad que uno paga; pero la soledad es el patrón predominante. Es por eso que el líder tiene que tener un propósito, para cuando lleguen esos momentos en su vida puedan superarlos.

3) La traición. Necesitamos la sanidad de Dios para superar el dolor y para perdonar. Cada líder ha tenido a alguien cerca que lo ha traicionado. De todas las cosas que he necesitado sanidad, esta es la más dolorosa, y le voy a expresar porque, ya que hay algo sobre invertir la vida de uno en alguien, y luego ser traicionado. Espero que pueda hacerme entender en esto. Yo creo que entre más energía, fuerzas, tiempo y confianza usted invierte en una persona que lo traiciona, más duele. He tenido la experiencia con personas que a través de los años les he proporcionado mi vida, he sacrificado todo, dinero, casa, o como dice el proverbio: «Le da comida en la boca y le muerden la mano». Pero, ¿por qué suceden estas cosas? Este tipo de actitudes duele mucho, y sin embargo no debo mantener esa herida abierta, ya que si no nunca voy a ser efectivo. Puede ser que para usted ocurra en otras áreas, pero en lo personal son áreas donde yo estoy trabajando fuertemente y que Dios está recibiendo la victoria en todo esto.

5. Mi necesidad: El perdón

El nombre de Dios: Jehová-Tskidenu, «El Señor es mi justicia», «*...me guiará por sendas de justicia, por amor de su nombre*» (v. 3). Esta es una justicia declarada: El estar bien delante de Dios no es algo que podemos lograr por nosotros mismos. Dios debe declararnos justificados. La justicia que recibimos no es nuestra, es de Dios. Los líderes necesitan aprender a recibir la justificación de Dios. Debemos comprender esto, nuestro valor hacia las personas viene de lo que hemos hecho por ellos, y la diferencia que hemos hecho en sus vidas, pero nuestro valor ante Dios es por lo que Él ha hecho por nosotros. Cuando llegamos a la presencia de Dios, no traemos nada. Los líderes somos muy buenos para dar, pero no somos buenos para recibir de Dios. Yo no llego a su presencia con algo de valor o algún mérito que he hecho. Sólo llego a la presencia de Dios para recibir su perdón y gracia.

Permita que Dios justifique todo, deje que abogue por usted. El líder tiene que aprender a recibir la justicia y el perdón de Dios constantemente a través de su gracia, no a través de lo que hace, porque Dios hará la justicia.

6. Mi necesidad: Valor

El nombre de Dios: Jehová-Nisi, «El Señor es mi bandera o mi estandarte» (v. 4) «*...no temeré mal alguno...*» En las batallas los soldados sabían que la bandera representaba protección. El soldado que se separaba de su escuadrón siempre buscaba la bandera de su ejército ondeando sobre el conflicto. Si se separaba de su escuadrón sabía que estaba desprotegido. De modo que su meta mientras está peleando era acercarse donde estaba su escuadrón. Así que su ejército siempre levantaba la bandera y sonaba la trompeta diciendo: «Aquí es donde estamos». El soldado que miraba esto se acercaba a la bandera, y así no peleaba solo, cuanto más cerca de la bandera, más protegido quedaba el soldado, porque ahí se encontraba todo el escuadrón. También al escuchar la trompeta y ver la bandera sabía que su escuadrón estaba aún peleando, que no había sido derrotado, y la victoria aún era posible. Cuando el soldado veía la bandera ondeando y oía el sonido de la trompeta sabía que la pelea aún no terminaba. Cuando dejaba de ver la bandera y de escuchar la trompeta, tenía que huir, ya que todo había terminado para ellos. Pero ver la bandera era una esperanza para él de que todavía había posibilidad para la victoria, era indicación de seguir adelante, y esto le daba valor al corazón del soldado.

Muchas veces nosotros tenemos que estar viendo la bandera para seguir adelante. Moisés le dio a Dios este nombre después de la batalla en contra de los amalecitas. Ya conocemos la historia en Éxodo 17. Josué salió a pelear con los hijos de Israel en contra de los amalecitas, pero Moisés se quedó en la montaña para interceder. Cuando su mano permanecía en alto Israel prevalecía, cuando sus manos se cansaban, los de Amalec prevalecían. Aarón y Hur, dos miembros del ejército, ayudaban a Moisés para sostenerle sus manos en alto; ya no eran dos manos sino seis. Después de la batalla Moisés dijo en Éxodo 17:15: «*y Moisés edificó un altar, y llamó su nombre Jehová-nisi*». Esto es «Jehová es mi estandarte o bandera». Como líderes no estamos peleando solos, debemos mantener nuestro enfoque en la bandera de nuestro Capitán. Esa es la única manera de mantenernos con valor.

7. *Mi necesidad: Relaciones*

El nombre de Dios: Jehová-Sama, «El Señor está allí» (v. 4), «*aunque ande en valle de sombra de muerte, no temeré mal alguno, porque tú estarás conmigo; tu vara y tu cayado me infundirán aliento*». Sólo quiero darles un ejemplo sobre esto, el llamado de Moisés para dirigir a Israel. Cuando Dios llama a Moisés para dirigir a los hijos de Israel fuera de Egipto, Moisés no quería pero Dios le prometió estar con él. Y le dijo: «Ciertamente yo estaré contigo». Aun en la gran comisión, Cristo les dijo a sus discípulos: *«Yo estaré con vosotros hasta el fin del mundo».* Una de las cosas que todo líder debe asegurarse es su relación con Dios, la certeza de que Dios nos acompaña durante todo el camino.

8. Mi necesidad: Santificación

El nombre de Dios, Jehová-Mekddishkhem: «El Señor que santifica» (v. 5), *«...unges mi cabeza con aceite...»* Este es un término que significa que somos «apartados» como pueblo de Dios, es decir, «apartados como pueblo de Dios». El aceite en el Antiguo Testamento era para diferentes usos, primero para limpieza, limpiar heridas; segundo, sanidad como remedio curativo; tercero, como separación, era como un símbolo de ser separado para Dios (se ungían a los reyes y a los siervos de Dios); y, cuarto, era símbolo de poder. ¿Cuáles son las áreas donde Dios le tiene que ungir con aceite?

Los componentes del liderazgo relacional. En Juan 10:3-5, se nos da un vistazo del liderazgo relacional, a través del pastor y las ovejas, que es el líder. *«A éste abre el portero, y las ovejas oyen su voz; y a sus ovejas llama por nombre, y las saca. Y cuando ha sacado fuera todas las propias...»* Me llamó mucho la atención la frase «todas las propias». La estudié y descubrí cómo se desempeñaban los pastores en ese entonces; confraternizaban por las noches. Había en el pasado ciertos rediles grandes que podían cubrir tres o cuatro pastores con diferentes ovejas, y era un lugar de protección para todos. En la noche se turnaban para cuidar al rebaño, confraternizaban, tomaban café y chocolate y hablaban de lo ocurrido ese día, pero al siguiente cada uno sacaba a sus «propias». En otras palabras, no trataban de llevarse una de más, como se hace hoy en las organizaciones (porque a veces tenemos miedo de confraternizar, tenemos miedo de que se nos van a ir todas las ovejas), iban *«delante de ellas; y las ovejas le siguen, porque conocen su voz. Mas al extraño no seguirán, sino huirán de él, porque no conocen la voz de los extraños».*

[TRES COMPONENTES DEL LIDERAZGO RELACIONAL]

1. Las relaciones son el punto de reconocimiento instantáneo.

Debe haber una relación entre el pastor y la oveja al punto de que sea un reconocimiento instantáneo, ¿por qué? Porque dice el versículo 4: *«Y cuando ha sacado fuera todas las propias, va delante de ellas; y las ovejas le siguen, porque reconocen su voz»*, instantáneamente hay un reconocimiento recíproco.

2. Las relaciones establecidas son edificadas en la confianza.

El versículo 5 dice: *«Mas al extraño no seguirán, sino huirán de él, porque no conocen la voz de los extraños».* Si la oveja le tiene confianza le va a seguir. La gente no sigue a los líderes en quienes no confían. Así que lo primero que tenemos que hacer es ganarnos la confianza de nuestras ovejas para poder ministrarles.

3. Las relaciones son a través de un liderazgo modelado.

El versículo 4: *«Y cuando ha sacado fuera todas las propias, va delante de ellas».* No dice que va de lado o detrás de ellas o que se queda en el redil; por el contrario va delante de ellas. Es un modelo, porque la gente hace lo que ve.

El liderazgo es influencia. La relación que mantengamos con Dios tiene mucho que decirnos de la que tengamos con otras personas.

[CARACTERÍSTICAS DE LOS NOMBRES DE
DIOS EN EL SALMO 23]

Función del Salmo 23 Nombre Significado Referencia

Jehová es mi Pastor... (v. 1)
Jehová-Roi El Señor es mi pastor Salmo 23:1
...nada me faltará. (v. 1)
Jehová-Jireh El Señor Proveerá Génesis 2:1
Junto a aguas de reposo Jehová-Shalom El Señor es mi Paz
Jueces 6:24 me pastoreará...(v. 2)
Confortará mi alma... (v. 3)
Jehová-Rophe El Señor es tu sanador Éxodo 15:26
...me guiará por senda de Jehová-Tsidkenu El de justicia por
amor de su nombre. (v. 3)
Señor es mi justicia Jeremías 23:6
No temeré mal alguno... (v. 4)
Jehová-Nissi El Señor es mi bandera Éxodo 17:15
...porque tú estarás conmigo Jehová-Sama El Señor es allí
Ezequiel 48:35 (v. 4)
Unges mi cabeza con Jehová-Mekaddishkehm El Señor que te
santifica Éxodo 31:13 aceite... (v. 5)

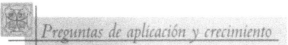

1. ¿Cuáles son las tres cosas que hablamos sobre la vida de David?

    1)

    2)

    3)

2. ¿Cuáles son las cuatro observaciones acerca de las ovejas y cómo se pueden aplicar a nuestra vida?

    1)

    2)

    3)

    4)

3. ¿Cuáles son las necesidades que uno como líder tiene?

    1)

    2)

    3)

    4)

4. ¿Cuáles son las tres áreas que se necesitan para una sanidad de acuerdo al autor?

    1)

    2)

    3)

5. ¿Cuáles son las tres áreas en que usted necesita sanidad?

    1)

    2)

    3)

EL LÍDER ENFOCADO EN SU PASIÓN ESPIRITUAL

dos

La gente no estará apasionada por Dios si uno como líder no lo está.

¿Qué es lo que tenemos que hacer para mantener nuestros corazones encendidos por Dios, y amarlo como necesitamos amarlo? ¿Cómo estamos nosotros cual líderes?

Si como líderes no estamos consumidos con una pasión espiritual por Dios, la gente que está trabajando con nosotros tampoco lo estará.

Vamos a evaluar nuestra pasión espiritual al considerar las siguientes frases:

1. Mi boca y mi mente se cambian al piloto automático durante la alabanza y adoración.

¿Se aplica eso a usted o no? ¿Canta sólo por cantar o disfruta cuando lo hace?

2. La última vez que Dios contestó una oración específica ya es un recuerdo muy lejano.

En otras palabras, se encuentra usted preguntándose: ¿no recuerdo? o ¡Creo que Dios contestó esta oración hace como diez años!, o está viendo que Dios contesta sus oraciones continuamente.

3. Me siento culpable cuando alguien me dice lo que aprendió en su tiempo a solas con Dios y espero que no me pregunten sobre el mío.

¿Cómo está usted ahí?

4. Me pregunto ¿a dónde se ha ido mi gozo por servir al Señor?

En otras palabras ¿le estoy sirviendo porque es un deber o porque es un gozo?

5. Leo la Biblia y oro porque tengo que y no porque quiero.

Estamos hablando aquí del legalismo, ¿estamos haciendo las cosas porque pensamos que tenemos que hacerlas, o porque queremos hacerlas?

6. Me encuentro a mí mismo criticando cuando escucho la Palabra de Dios en lugar de crecer por ella.

Sé que a veces los líderes necesitan criticar o dar una opinión constructiva, pero pregúntese a sí mismo: ¿se encuentra criticando o está creciendo con ellos? Porque se puede convertir en un hábito que cada vez que escucha la palabra le halla un pero, y se enfoque tanto en criticar que no tiene tiempo de encontrarse con Dios, y eso es algo que usted y yo como líderes tenemos que equilibrar.

7. *Esos cristianos sonrientes y felices siempre me ponen de punta.*

Si nos molesta la actitud feliz de otras personas, debemos examinar la nuestra.

8. *Ya hace un buen tiempo que he sido «movido» espiritualmente.*

¿Cuándo fue la última vez que Dios le habló al corazón, y que usted sabía que le hablaba, y no lo obedeció? Podemos considerar los servicios todo un éxito si tenemos momentos dados por Dios, tanto que tal vez la gente diga: «No sé lo que pasó, pero sentí a Dios durante la alabanza» o tal vez está compartiendo algo y sintió una manera muy especial en que Dios intervino en su vida en ese momento. Esto debe suceder continuamente. De lo contrario quiere decir que nos estamos distanciando mucho del poder de Dios.

9. *Estoy buscando maneras para estar menos comprometido con el cuerpo de Cristo.*

Como líderes que ven el futuro, ¿se está comprometiendo más con la organización o menos? porque no hay pensión espiritual, ni vacaciones.

10. *A menudo me pregunto a mí mismo: ¿Qué es lo que Cristo haría?*

Esta es una gran pregunta que todos deberíamos plantearnos, ¿lo hacemos o nos abrimos camino porque somos líderes fuertes?

Si más de tres frases de las anteriores se aplican a su vida, puede ser que su llama espiritual esté ardiendo muy débil. Aun una sola marca puede ser una señal de advertencia de que algo anda mal.

Casi cada uno de nosotros experimentamos tiempos cuando nuestro apetito espiritual disminuye, o parece ser que Dios está muy distante. Estas épocas pueden ser muy desalentadoras, pero debemos seguir para pasarlas como líderes, porque nuestra gente no estará apasionada por Dios si nosotros no lo estamos. Los avivamientos del Antiguo Testamento empezaron con los líderes. Si usted hace un estudio sobre el avivamiento del Antiguo Testamento va a encontrar que todos empezaron con los líderes. Usted no va a encontrar uno que haya sucedido automáticamente, sino porque el líder se humilló, y el avivamiento llegó a su pueblo.

El pastor Rick Warren dijo lo siguiente: «Si usted quiere saber la temperatura de su congregación, póngale un termómetro a la boca del líder».

Las siguientes preguntas nos proveerán algunas ideas básicas para ayudarnos a pasar estos tiempos, comprenderlos y crecer aun en el desierto espiritual, porque sin lugar a dudas usted y yo vamos a tener desiertos espirituales, sin embargo tenemos que estar evaluando nuestra vida con el Señor.

1. ¿Son mis expectativas irreales?

A veces no tenemos una pasión por Dios porque nuestras expectaciones no son realistas.

Quiero compartirles algunas expectaciones equivocadas que tenemos en nuestra relación con Dios.

¿Cuáles son algunas de las expectativas erradas que tenemos en nuestra relación con Dios?

1) Que los líderes siempre están arriba espiritualmente, hay mucha gente que lo dice:

"Oh, yo nunca me desanimo, yo siempre estoy contento..." Nadie está siempre en la cima de la montaña, tenemos subidas y bajadas porque somos humanos. Tenemos tiempos cuando estamos encendidos por Dios en la cima de la montaña, luego tenemos tiempos en el valle. Podemos tener un corazón encendido hacia Dios, pero no es siempre la experiencia que se tiene al estar en la cima. Si usted es un líder que dice que siempre está en la cima de la montaña, se está engañando a sí mismo. No está conectado con sus emociones ni con la realidad de la vida, y quiere engañar a los que están alrededor de usted. Entonces esta es una expectación equivocada de nuestra relación con Dios, que siempre estaremos arriba espiritualmente.

2) Que el corazón de los líderes siempre está dirigido a Dios.

Cuando decimos: «Mi corazón siempre está dirigido a Dios», creo que está mal de nuestra parte como líderes pensar que eso es así, porque las armas tentadoras de Satanás están diseñadas para desviar su corazón y mi corazón de Dios, y Satanás no trabaja en balde, porque en el momento que no le funciona una cosa usa otra. Tenemos que entender que nuestro corazón va a estar desviado de las cosas de Dios si no tenemos cuidado y no somos realistas en nuestra relación con Él.

3) Que los líderes espirituales siempre están en la cima.

Llegamos a pensar que la gente a la que admiramos son más espirituales, o viven más cerca de Dios que nosotros, o que escuchan más de Dios que nosotros. Pero al estudiar la vida de ellos encontramos que no es verdad, por ejemplo: David era un hombre conforme al corazón de Dios, y todo lo que tenemos que hacer es seguir su trayectoria y podemos ver que hubo tiempos en los que su corazón estaba desviado de Dios, y podríamos tenerlo como nuestro héroe. Si ha escuchado de Charles Spurgeon, un gran predicador del siglo XIX fue también conocido como «el príncipe de los predicadores» y aun así tuvo tiempos de depresión, que a veces colocaba versículos de inspiración en el techo, sobre su cama, sólo para darle ánimo suficiente para levantarse de la cama. Estaba tan deprimido que hacía tal cosa. Fred Smith, el fundador de Federal Express, dijo lo siguiente: «El talento es siempre más grande que la persona». Me llama la atención esta frase porque muchos de nuestros héroes espirituales son muy talentosos, y tendemos a igualar el tamaño de su talento con el de su espiritualidad. Eso no siempre es necesariamente verdad porque al llegar a comprender que el talento es más grande que la persona, vamos a poder apreciar tanto a uno como a la otra, pero nunca vamos a igualarlos, porque muchas veces vemos líderes con talentos de héroe, y pensamos que como su talento sobresale, también la persona es sobresaliente. Muchas veces el talento hace que se cubran todas sus debilidades, y cuando descubrimos que son débiles nos decepcionamos de esa persona. Tenemos que comprender que siempre el talento de una persona es mayor que la persona, y debemos apreciar tanto el talento como a la persona, pero nunca compararlos porque siempre el talento va a sobresalir. Es así que llegamos a decepcionarnos de nuestros líderes o héroes espirituales, ¿por qué? Porque como los vimos a manera de personas capaces y talentosas, colocamos el talento con la persona en el mismo nivel. Cuando vemos que en su vida hay ciertas debilidades, se nos cae el líder del cielo, porque lo teníamos en un lugar muy alto.

4) Que los líderes están más cerca de Dios.
Pensamos que los líderes están más cerca de Dios y que se les facilita caminar con Él. Esto es muy común puesto que la gente ve a un líder contemporáneo y dice: «¡Uao! esa persona está más cerca de Dios que yo, y a él se le facilita vivir con Él, como el respirar». ¿Saben qué?, los líderes grandes nunca permiten que su gente piense de ellos, que tienen una esquina especial con Dios, porque saben que todo el que busca de Dios puede estar cerca de Él.

5) Entre más sirven los líderes a Dios, más íntima es su relación con Él.

Algunas personas creen que hay una relación entre la intimidad y la antigüedad.

No hay ninguna relación entre tener intimidad con Dios y tener antigüedad de conocer a Dios. La relación no está entre la intimidad y la antigüedad, sino entre la intimidad y la obediencia. El hecho de que la persona tenga años como líder no quiere decir que sea madura. La madurez viene a través de la intimidad con Dios. El secreto de la vida de David no era que siempre caminaba en la plenitud del gozo ante la presencia de Dios, sino que aun en los tiempos de sequedad confió en Dios, ¿por qué? Porque si usted decía: «Es que David era una persona que siempre tenía gozo», entonces, ¿por qué dijo en el salmo 51: *«vuélveme el gozo de la salvación»?* No era tanto que se mantuviera lleno de la plenitud del gozo como líder, sino que aun en el tiempo de sequedad buscaba a Dios. Sabía que estaba careciendo de algo y que necesitaba de Dios.

Ahora si tenemos expectaciones irreales sobre la pasión espiritual, dos cosas van a suceder:

1) Nunca lo vamos a lograr.

2) Vamos a buscar algo que no necesitamos.

Por eso tenemos que cuidar de no mantener una expectación equivocada sobre nuestra relación con Dios.

2. ¿Habrá algún pecado que necesito confesarle a Dios y dejarlo?

Como líder, si hay un pecado en mi vida, tengo que confesárselo a Dios, y dejarlo. He encontrado que esta es una de las primeras preguntas que debemos hacernos a nosotros mismos cuando nuestra temperatura espiritual empiece a bajar. Necesitamos dirigirnos al asunto del pecado y preguntarnos: ¿Estoy jugando con el pecado? Por eso el salmista dice en el Salmo 139:23-24, 23: «*Examíname, oh Dios, y conoce mi corazón; pruébame y conoce mis pensamientos; y ve si hay en mí camino de perversidad, y guíame en el camino eterno*». Yo creo que el deseo de retroceder del pecado está en el corazón del arrepentimiento, en otras palabras tenemos que evaluar en verdad cómo está nuestra relación con Dios. David dijo que es posible tenerla dañada por un pecado oculto en nuestra vida y aun no saberlo.

[¿Cómo puede suceder esto?]

1) Una desobediencia continua

La palabra clave es continua; si crónicamente estamos desobedeciendo, nuestro corazón llega a endurecerse, nuestros oídos espirituales se ponen sordos y ya se nos hace igual, como parte del cristianismo, estar desobedeciendo a Dios.

2) Un espíritu indomable

En otras palabras, no estar dispuesto a aprender y escuchar es muy peligroso en nuestra relación con Dios. La diferencia entre Saúl y David era la disposición a confesar el pecado. Acaso se ha preguntado: ¿Cuál era la diferencia entre Saúl y David? Fíjese en el primer y el segundo rey de Israel. Podríamos decir que Saúl era el rey malo, pecador, pero también lo era David. En efecto, si pudiéramos calificar el pecado, ¿acaso no calificaríamos el asesinato y el adulterio que David cometió como pecados más graves que los de Saúl? Claro que sí. Así que, ¿cuál es la diferencia si usted estudia la vida de David y la de Saúl? Sabrá que cuando David era confrontado con su pecado, deseaba regresar a Dios y se arrepentía. Mas cuando Saúl era confrontado con el suyo, trataba de justificarlo. Y, ¿sabe que Dios no quiere que andemos justificando el pecado? Él quiere que lo confesemos. Así que necesitamos preguntarnos a nosotros mismos: ¿Hay pecado en mi vida?, y si lo hay ¿lo confieso inmediatamente o lo trato de justificar?

3. ¿Estoy involucrado en prácticas que le quitan el filo a mi sensibilidad espiritual?

Estaba leyendo las historias de la familia Wesley. La madre fue una de las mujeres más grandes de la historia de la Iglesia. La madre de Carlos y John Wesley, les dijo a sus hijos que cualquier cosa que le quitara el filo a sus deseos por Dios era pecado. Las cosas que nos llevan al pecado que podrían ser legítimas, pero que son malas porque se colocan a sí mismas sobre Dios en nuestras vidas. Por eso en Hebreos dice: *«Despojémonos de todo peso... y corramos con paciencia la carrera que tenemos por delante»* (Hebreos 12:1). Esto es por lo regular un asunto individual que está concertado con nuestra propia conciencia. Cada uno de nosotros debemos desarrollar el discernimiento y sensibilidad en las áreas que pueden estorbar nuestro caminar personal con Dios. Lucas 8:14 nos advierte que las preocupaciones, riquezas y placeres de la vida pueden ahogar la Palabra de Dios en nuestra vida. Déjeme compartir algunas áreas generales del pecado que pueden ahogar el amor de la persona hacia Dios. No son pecados pero son cosas que todos nosotros tenemos y pueden quitarle su filo espiritual; además se pueden convertir en un pecado.

1) Las tensiones

Creo que cuando llegamos a estar bajo tensión, y si no tenemos cuidado, en lugar de dirigirnos hacia Dios, podemos permitir que nos aislemos y nos separemos de Él.

2) La presión sobre el tiempo

A veces no seguimos al tiempo, sino que el tiempo nos sigue a nosotros, y es que andamos corriendo siempre. Por falta de tiempo no le dedicamos el de Dios para orar; ponemos excusas de que estamos muy ocupados.

3) Las posesiones

Creo que las posesiones son una búsqueda intensa para nosotros. Debemos preguntarnos lo siguiente: ¿Estoy sobre las posesiones o las posesiones están sobre mi? Hay una gran diferencia; si soy dueño de mis posesiones entonces las usaré para la gloria de Dios. Si ellas son dueñas de mí, nunca voy a usarlas para Dios, porque no tengo control sobre ellas.

4) Las decisiones equivocadas

Esto es tomar decisiones erróneas, no consultar con Dios. A la larga pagamos un precio muy alto por las decisiones equivocadas.

5) Las prioridades erradas

Cristo nos dice en Mateo 6:33: «Buscad primeramente el reino de Dios y su justicia, y todas las cosas os serán añadidas». Pero ¿qué es lo que hacemos? Buscamos primero todas las cosas y luego esperamos que Cristo nos alcance. Tenemos prioridades equivocadas.

6) La falta de disciplina

Creo que no estar dispuestos a disciplinarnos en nuestro desarrollo y crecimiento espiritual causa que se nos quite el filo de nuestra sensibilidad espiritual.

Por eso es muy importante el salmo 139, dígale a Dios: «Escudríñame y conoce mi corazón», para así descubrir lo que está ahogando su vida espiritual.

Como líderes constantemente tenemos que hacernos esta pregunta.

4. ¿Soy congruente en mi disciplina espiritual?

A continuación quiero compartirles lo que ya creo que es la diferencia entre la disciplina espiritual y el legalismo:

La primera intenta enfocarse en Dios al hacer ciertas cosas. Cuando el líder tiene una disciplina espiritual se enfoca en Dios, al estar haciendo las cosas que Él le ha dado que haga. Ya sea si está enseñando para desarrollar líderes, compartiendo su visión, o llevando a su gente hacia otro nivel. El líder no depende de sus propias fuerzas ni conocimiento. Sabe que todo lo que logra le llega por Dios, puesto que tiene una disciplina espiritual.

El legalismo intenta obtener el favor de Dios al hacer ciertas cosas. Cuando el líder funciona bajo la regla del legalismo lo único que quiere es obtener el favor de Dios. En otras palabras, ¿por qué hace lo que hace?, ¿puede usted notar la diferencia entre estos dos conceptos? Sería muy rápido hacerlo. Existe una pregunta clave para esto: ¿Está orando y leyendo la Biblia porque quiere enfocarse en Dios o porque piensa que si invierte una hora haciendo esto va a quedar bien con Él? ¿Lo hace porque es su disciplina o porque es algo que tiene que hacer?

La disciplina espiritual siempre nos lleva al crecimiento y a la libertad, cuando nos disciplinamos crecemos más ¿no es cierto?, y somos más libres a la vez.

El legalismo siempre nos lleva al estancamiento y al encarcelamiento. Cuando somos legalistas llegamos a ser prisioneros de lo que estamos rodeados, de tantos reglamentos.

[LAS DISCIPLINAS ESPIRITUALES NECESARIAS PARA EL CRECIMIENTO]

1. Invierta tiempo a solas con Dios

Es muy importante darnos un tiempo para orar a solas con Dios.

2. Rinda cuentas

Tenemos que aprender a rendir cuentas. Es importante hacerlo ante alguien, porque eso nos ayuda a ser honestos los unos con los otros.

3. Un instrumento medidor

Tiene que haber una manera para poder ver nuestro crecimiento y medir nuestro progreso. ¿Recuerda lo que Pablo le dice a Timoteo en 1 Timoteo 4:14-15? *«No descuides el don que hay en ti, que te fue dado mediante profecía con la imposición de las manos del presbiterio. Ocúpate en estas cosas; permanece en ellas, para que tu aprovechamiento sea manifiesto a todos».* La gente que está al alrededor de usted, ¿ve su crecimiento espiritual? Su esposa, su esposo, sus hijos, las personas que tiene bajo su responsabilidad en la organización, ¿ven su crecimiento espiritual? ¿Cómo está midiendo usted su crecimiento? ¿Que tipo de instrumento está usando para medir su crecimiento espiritual?

El crecimiento espiritual se desarrolla en privado, pero se exhíbe públicamente.

Si quiero crecer, tengo que hacerlo a nivel personal, en forma privada para que sea visto por fuera. El mismo Cristo les dijo a sus discípulos que oraran en privado y luego serían recompensados abiertamente; así debe ser con nosotros. Cuando usted está creciendo espiritualmente, la gente lo nota; no tenemos que estar tocando trompetas para que vean que estamos creciendo. La Biblia dice: «Por sus frutos los conoceréis». Pero también la gente nota cuando no estamos creciendo espiritualmente. En las conferencias que realizo de liderazgo siempre digo: La gente sabe cuando usted se prepara, pero también sabe cuando no lo hace. Como líder tengo que invertir tiempo durante la semana, para que Dios me hable, para cuando llegue el momento pueda dirigirme a la gente.

4. Aplicación

La disciplina espiritual necesita ser práctica y aplicable. Lo que está aprendiendo, ¿lo pone en práctica?, ¿sí o no?

5. Mentor

Estas son aquellas personas maduras que llegan a nuestro lado para ayudarnos a crecer. Tener un mentor es de mucho beneficio para el líder. No precisamente tiene que ser una sola persona, tener varias con ciertos dones y habilidades en diferentes áreas es excelente ya que pueden monitorear mejor de acuerdo a la fuerza de cada uno de ellos. El tener libros, casetes, revistas cristianas y de superación personal, especialmente en el área que usted se desarrolla, le ayudará mucho.

5. ¿Qué condiciones rodeaban mi mejor tiempo con Dios?

En otras palabras: Si estoy en un nivel en mi jornada espiritual, entonces necesito regresar y preguntarme: ¿cuándo estaba encendido por Dios? ¿Qué es lo que estaba haciendo? ¿En dónde estaba? ¿Cuáles eran las condiciones? ¿Qué me mantenía entusiasmado? Creo que Apocalipsis 2:5 es la receta para recuperar nuestro primer amor: *«Recuerda, por tanto, de dónde has caído, y arrepiéntete, y haz las primeras obras; pues si no, vendré pronto a ti, y quitaré tu candelero de su lugar, si no te hubieres arrepentido».* Esto me recuerda la historia de Eliseo, ¿dónde cayó el hacha? Él tenía estudiantes que fueron a hacer un seminario más grande, y mientras uno de los alumnos estaba con el hacha tratando de cortar un árbol, se le cay en el agua. Inmediatamente corrió asustado porque el hacha era prestada, y le dijo al profeta: *«El hacha no era mía, era prestada»* y Elías le dijo: *«¿Dónde está?, muéstrame el lugar donde cayó».* y continúa: «Métete porque voy a aventar un palo», y el hacha flotó.

Eso me recuerda mucho nuestra vida, el hacha es un símbolo de nuestra vida espiritual, muchas veces se nos ha caído, y estamos todavía macheteando con el puro mango, entonces necesitamos regresar al lugar donde se nos cayó, para poder seguir siendo efectivos. ¿Recuerda el juego de «caliente, frío, caliente, frío»? Alguien salía de un cuarto después de haber escondido un objeto, posteriormente llegaba otra persona a buscarlo, y el que lo escondía iba diciendo «caliente» o «frío» a medida que se acercaba la persona a encontrarlo, hasta que estaba más cerca y decía: «Muy caliente» o «Te vas a quemar», etc. Creo que muchas veces el Espíritu Santo nos dice «frío, frío» y no entendemos lo que quiere decir. Cuando lo oímos, es tiempo de cambiar el rumbo y la dirección. Si investiga qué es lo que le daba éxito en el pasado va a encontrar que eran tres cosas: obediencia, disciplina espiritual y pasión por Dios, por los que estaban alrededor de usted, que eran personas de un amor profundo por Dios. Necesitamos recordar, arrepentirnos y renovarnos.

Para recordar tiene que hacerse las siguientes preguntas: ¿En qué ambiente se movía cuando estaba cerca de Dios? ¿Qué tipo de disciplina espiritual estaba practicando? ¿Qué deseo prominente estaba en su corazón?

Al arrepentirnos debemos preguntarnos: ¿Qué es lo que debo cambiar para regresar a mi primer amor? ¿Qué áreas están más allá de mi control y no pueden ser cambiadas?

Para renovarnos debemos enumerar primero las cosas que vamos a cambiar, para así estar renovado en nuestro caminar con Dios.

Un ejercicio muy fácil es el siguiente: Escriba tres características que son evidentes cuando su corazón está encendido por Dios, luego anote otras tres que muestren cuando su corazón está frío respecto a Dios. Es importante hacer esto para que pueda conocerse a sí mismo. Cuando una de las evidencias surja, o las campanas de advertencia empiecen a sonar, entonces sentirá que va hacia una dirección equivocada.

6. ¿He caído en una rutina espiritual?

Es muy fácil estar alrededor de la gente y aun así caer en una rutina espiritual. ¿Sabía eso? Permítame darle una ilustración: Imagínese en una mañana orando a Dios, y siente que Él le dice: «Ve y tómate un jugo de naranja». Por alguna razón, siente eso, va y lo hace a la siguiente mañana mientras oraba otra vez. Dios le dice:«Sigue tomando ese jugo de naranja», pero ya al tercer día o el cuarto Dios no le dice nada. Sin embargo, usted automáticamente se levanta a tomarse un jugo de naranja, y ¿qué es lo que pasa? Usted le puede decir a alguien: «Tómate un jugo de naranja por la mañana porque eso es lo que Dios desea». Y ¿qué es lo que sucede? Empezamos a crear un legalismo. Los legalistas han reducido a Dios a una fórmula. En vez de mantenernos frescos y seguir la voz de Dios, llegamos a darle forma. Este tipo de legalismo quita a Dios del cuadro. El legalista no necesita de Dios, porque ya lo redujo a una fórmula, regla, ritual, patrón o sistema, que solo Él sigue.

⌈ CÓMO LIBERARSE DE LA RUTINA ⌉ RELIGIOSA

1. Vuelva a pensar por qué hace lo que hace.

2. Rápidamente aplique lo que ha aprendido.

Esta es una de las maneras más rápidas de liberarse de la rutina religiosa: cuando usted aprende algo voltéese y aplíquelo inmediatamente.

3. Permítase a usted mismo experimentar y expresar sus sentimientos.

Es bueno desahogarse con Dios. Inclusive si llega a enojarse con Él dígaselo, le va a ayudar a filtrar todos sus sentimientos. Aunque muchos se están quemando por dentro no quieren decirle nada a Dios porque piensan que no es correcto. ¿Sabe algo? Aunque usted no se lo diga, Él ya lo sabe. ¿Qué pasó con Jonás? Se enojó con Dios y se lo dijo: *«Y todavía me quitas mi árbol»*, pero Dios trató con él. Hacer eso es muy importante.

4. Mantenga sus expectativas elevadas.

Que sus metas espirituales siempre estén arriba de usted.

5. Comparta con otros lo que ha sido compartido con usted.

Esto va más allá de aplicarlo a su vida. Es aplicarlo a la vida de alguien más, así verá el resultado positivo no sólo en su vida, sino en la de otros.

7. ¿Son la salud pobre y la fatiga un factor relevante?

Puede ser posible que estemos espiritualmente abajo, no porque estemos lejos de Dios, sino porque estamos cansados, y muchas veces lo más espiritual que podemos hacer es dormir un poquito. Y es que casi siempre nos entregamos tanto a la tarea del Señor que nos descuidamos a nosotros mismos y en ocasiones nos sentimos cansados, no porque estemos espiritualmente bajos sino que nos sentimos agotados físicamente, y necesitamos darle descanso al cuerpo.

8. ¿Estoy orando por las bendiciones de Dios sobre mi vida, y pido que otros oren por mí?

Usted como cristiano ora para que Dios lo bendiga en su vida espiritual y lo ayude a caminar y cambie sus circunstancias, también pide que otros oren por usted. Es muy importante contar con las oraciones de otros; esto me recuerda el ejemplo de 1 Crónicas 4:9-10: «*Y Jabes fue más ilustre que sus hermanos, al cual su madre llamó Jabes, diciendo: Por cuanto lo di a luz en dolor.* [El nombre de Jabes significa dolor.] *E invocó Jabes al Dios de Israel, diciendo: ¡Oh, si me dieras bendición, y ensancharas mi territorio, y si tu mano estuviera conmigo, y me libraras de mal, para que no me dañe! Y le otorgó Dios lo que pidió*». Es bueno orar por usted mismo más seguido.

9. ¿Qué persona o grupo pueden estimular mi vida en Cristo?

Eclesiastés 4:9-12: «*Mejores son dos que uno; porque tienen mejor paga de su trabajo. Porque si cayeren, el uno levantará a su compañero; pero ¡ay del solo! que cuando cayere, no habrá segundo que lo levante. También si dos durmieren juntos, se calentarán mutuamente; más ¿cómo se calentará uno solo? Y si alguno prevaleciere contra uno, dos le resistirán; y cordón de tres dobleces no se rompe pronto*». Esta es una muestra clara de la importancia de trabajar en equipo.

La vida de Cristo debe ser expresada en nosotros tanto corporal como individualmente. Dios nos hace responsables a cada uno de nosotros por nuestro caminar espiritual. Romanos 14:12 nos dice: «*De manera que cada uno de nosotros dará a Dios cuenta de sí*». También quiere que actuemos en compañía de otros. La oración de dos tiene un poder y una bendición especiales, como se muestra en Mateo 18:19-20: «*Otra vez os digo, que si dos de vosotros se pusieren de acuerdo en la tierra acerca de cualquiera cosa que pidieren, les será hecho por mi Padre que está en los cielos. Porque donde están dos o tres congregados en mi nombre, allí estoy yo en medio de ellos*».

Una vida afila a la otra, como lo muestra Proverbios 27:17: «*Hierro con hierro se aguza; y así el hombre aguza el rostro de su amigo*».

10. ¿He preguntado sobre lo que ha estado tratando de enseñarme Dios?

Si algo le está pasando o si está decayendo espiritualmente, ¿acaso no le pregunta a Dios: Señor, qué quieres enseñarme? Una pregunta clave es: ¿Ha considerado que nada está mal, sino que todo puede estar bien? Tal vez no esté pecando ni esté fuera de la voluntad de Dios, simplemente Él quiere enseñarle algo. Siempre he dicho que cuando Dios forma un líder tiene que quebrantarlo primero.

El desierto es parte del plan de Dios para enseñarnos, capacitarnos y pulirnos, para que seamos más fructíferos. Déjeme hacerle una pregunta: ¿Hacia dónde llevó Dios a Jesús después de ser bautizado? Al desierto por cuarenta días. ¿Había algo malo en Jesús? No, simplemente lo estaba preparando para su ministerio, es todo. Yo creo que cuando Dios levanta a un líder lo quebranta primero. El sabe que el tamaño del ministerio del líder es determinado por el tamaño del corazón del líder, y el tamaño del corazón del líder es determinado por el líder que le permite a Dios quebrantarlo y moldearlo a su imagen.

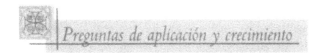

Preguntas de aplicación y crecimiento

1. Repase la evaluación a nivel personal.

2. ¿Cuáles son las cinco disciplinas espirituales necesarias para el crecimiento personal?
   1)
   2)
   3)
   4)
   5)

3. Haga una evaluación a nivel personal o en equipo de las diez preguntas que hemos considerado.

El número 1 nos indica que estamos desenfocados, mientras el número 10 nos indica que nos mantenemos enfocados.

Evaluación # 1
¿Son mis expectaciones irreales?

1 2 3 4 5 6 7 8 9 10

Evaluación # 2
¿Habrá algún pecado que necesito confesarle a Dios y dejarlo?

1 2 3 4 5 6 7 8 9 10

Evaluación # 3
¿Estoy involucrado en prácticas que le quitan el filo a mi sensibilidad espiritual?

1 2 3 4 5 6 7 8 9 10

Evaluación # 4
¿Soy consistente en mi disciplina espiritual?

1 2 3 4 5 6 7 8 9 10

Evaluación # 5
¿Qué condiciones rodeaban mi mejor tiempo con Dios?

1 2 3 4 5 6 7 8 9 10

Evaluación # 6
¿He caído en una rutina espiritual?

1 2 3 4 5 6 7 8 9 10

Evaluación # 7
¿Son la salud pobre y la fatiga un factor relevante?

1 2 3 4 5 6 7 8 9 10

Evaluación # 8

¿Estoy orando por las bendiciones de Dios sobre mi vida, y pido que otros oren por mí?

1 2 3 4 5 6 7 8 9 10

Evaluación # 9

¿Qué persona o grupo pueden estimular mi vida en Cristo?

1 2 3 4 5 6 7 8 9 10

Evaluación # 10

¿He preguntado sobre lo que ha estado tratando de enseñarme Dios?

1 2 3 4 5 6 7 8 9 10

4. Aplique la receta de Apocalipsis 2:5 para recuperar nuestro primer amor.

EL LÍDER ENFOCADO EN SU INTIMIDAD CON DIOS

tres

La intimidad equivale a estar cerca de Dios y ser el líder espiritual que debemos ser.

Lo que tenemos que comprender es que no nacimos para la intimidad con Dios, ya que llegamos al mundo con una naturaleza pecaminosa. Nacimos separados del bien y de Dios, por lo humanos que somos, porque el mismo salmista lo dice: *«En pecado me concibió mi madre...»*, no como Adán y Eva que fueron creados a la imagen de Dios y estaban desde el principio libres de cualquier pecado para tener una intimidad con Él. Nosotros nacimos en pecado; ellos estaban libres de pecado al ser creados por Dios, pero nosotros al nacer lo hicimos en el pecado.

La tendencia natural nuestra es huir de Dios y aun siendo líderes batallamos para acercarnos a Él. Cuando el pecado entró al mundo con Adán, ¿qué fue la primera cosa que quiso hacer? Esconderse de Dios. En el momento en que el pecado hizo efecto en la vida de Adán lo primero que quiso descubrir no fue buscar a Dios, no fue arrepentirse, sino esconderse de Él, y ahí empezó nuestra naturaleza pecaminosa como seres humanos, huyendo de Dios y ocultándonos de Él.

Esto me recuerda a Jonathan Edwards, un hombre que Dios usó en el tiempo que hubo un avivamiento increíble en los Estados Unidos, él dijo: «Los hombres por lo general aceptan que son pecadores; hay muy pocos, si los hay, cuya conciencia está tan ciega que no se sienten culpables de pecado... Ellos aceptarán que no aman a Dios como lo deben amar, que no son agradecidos como lo deberían estar por las misericordias, y que en tantas cosas han fallado». Él describe aquí que el hombre simplemente dice: «Yo sé que no amo a Dios, pero no soy pecador. Yo sé que no lo busco como debo, pero no soy pecador». El hombre vive en un conflicto, pero por naturaleza es enemigo de Dios, por el pecado que está en él. Desde que el pecado entró en el hombre, este ha tenido una lucha contra Dios. Aunque seamos líderes, todavía tenemos esas luchas. Por eso decía Pablo que el espíritu tiene conflicto o batalla con la carne, hay una lucha y una guerra constante. Quiero hablarle de los puntos de las tensiones entre el hombre y Dios. Son cuatro que nos han separado de Él:

[LA NATURALEZA PECAMINOSA HACE QUE...]

1. Nos mantengamos distantes de Dios.

Nuestro pecado hace que nos escondamos de Dios, como Adán y Eva. Esa fue la primera reacción de ellos, esconderse, distanciarse, separarse o alejarse de Dios, así que tenemos muy poca inclinación para orar y estar cerca de Dios como seres humanos. Aun cuando digamos que servimos a Dios no es algo natural en nosotros que lo busquemos en oración. No es como comer o dormir; buscar a Dios nos cuesta un poco más, y es por nuestra naturaleza humana.

2. Desobedezcamos a Dios.

Esa naturaleza pecaminosa causa que desobedezcamos a Dios, ambicionamos traerlo a nuestro lugar, y nos ponemos nosotros mismos en el trono, en vez de ponerlo a Dios. Aspiramos a vivir como nos plazca, y no queremos que nadie dirija nuestra vida. Pretendemos controlar nuestro destino y nuestros intereses, regresando a Adán y Eva. El problema es que ellos querían hacer lo suyo, tomar del único árbol que fue prohibido. ¿Qué es lo que hicieron al ver el árbol? Lo desearon. Se fija que Dios dijo: «*De todo árbol pueden comer excepto ese*». Pero del único árbol que Dios les prohibió, de ese era que querían. Eso me recuerda lo que somos, porque lo que Dios dice que no hagamos es lo que hacemos. De ese modo que como líderes peligramos muchas veces, ¿por qué? Porque si no estamos cumpliendo con lo que Dios dice, nuestra posición, nuestro liderazgo y nuestras habilidades van a ser un impedimento para lo que hagamos.

3. Retengamos nuestro afecto por Dios.

En otras palabras, la única manera de poderle ofrecer nuestro amor y afecto a Dios es caminar en luz. Primera de Juan 1:7 dice: «*Pero si andamos en luz, como él está en luz, tenemos comunión unos con otros, y la sangre de Jesucristo su Hijo nos limpia de todo pecado*».

Esto es lo que sucede cuando caminamos en la luz. Tenemos intimidad con Dios, y disfrutamos una relación y comunión unos con otros. Y si tenemos comunión unos con otros, con más razón vamos a tenerla con Dios. En el momento en que salimos de esa luz entramos a las tinieblas, y en ese punto en lugar de tener compañerismo empezamos a retenerlo, así como el afecto que deberíamos tener a Dios.

Esa era la intención de Dios en el principio con Adán y Eva. Al atardecer Dios descendía para caminar y pasear por el huerto, pero después del pecado no se registra de nuevo que caminaran con Dios por la tarde. El pecado causó que se separaran y retuvieran su afecto a Dios. El pecado separó al hombre de Dios. Esto sucede cuando permitimos que nuestra negligencia, nuestro pecado, nuestro descuido, cause división en relación con Dios. Asímismo evita que le demostremos nuestro afecto a Dios. Por eso es importante entendernos, como líderes, de dónde venimos.

4. Nuestra naturaleza pecaminosa causa que evitemos la responsabilidad por lo que hacemos mal.

En la historia de Adán y Eva, Dios vino a hablar con Adán como el líder espiritual de la familia. Dios nos hace responsables a nosotros, como líderes, y más a los hombres, por lo que sucede en nuestras familias. Dios le dijo: «*Adán, ¿cuál es el problema?*», y mire lo que contesta Adán: «*La mujer que me diste*», en vez de asumir responsabilidades, culpó a Eva. Luego Dios va con la mujer y Eva le responde: «*La serpiente me dijo*». Desde entonces hemos estado pasando la culpa al que se deje. Es como si usted le pregunta a un líder hoy: ¿Por qué no lo hizo? y él responde con una excusa.

Nuestra perspectiva de la intimidad depende de nuestro género, porque es muy diferente para el hombre y para la mujer. Cual adultos, el hombre y la mujer funcionan diferentes, en las tres áreas cruciales que afectan su habilidad de estar cerca de un amigo o con Dios.

Una de las áreas es que los hombres carecen más de habilidades en la intimidad que las mujeres. Esa es una realidad ya que primero, los hombres somos más débiles para comprender la comunicación no verbal. Nosotros no podemos discernir mucho, y no notamos lo que a veces es obvio para la mujer. Por su parte, la mujer es hábil con la comunicación no verbal. Lo que para el hombre es intimidad para la mujer es otra cosa, aunque en el aspecto espiritual es igual para los dos.

La siguiente área en los hombres define la intimidad, ya sea superficial o sexualmente. Cuando el hombre piensa en intimidad se enfoca en lo sexual. Va más allá de lo que la mujer piensa. Por el contrario, la mujer piensa en caminar por el parque, tomarse de la mano, escuchar música; para ella la intimidad es otra cosa, para el hombre es diferente.

La otra área crucial de los hombres es que tienen menos experiencia en ser amigos. Ellos tienen menos amigos y son más lentos en establecer lazos de amistad. Para muchos hombres puede parecer muy femenino hablar de sentimientos o mostrar afecto. La intimidad aumenta en él cuando comprende su naturaleza pecaminosa y sus características como hombre. Él necesita comprender que puede ser fuerte aun teniendo intimidad. Muchas veces los hombres creen que por tener intimidad van a delatar que no son muy fuertes, y eso es incorrecto. Se puede ser hombre y demostrar afecto. Por ejemplo, David se conoce como un hombre entre los hombres. Él se juntaba con muchos hombres, tenía guerreros, inclusive, pero ¿quién fue el que mató al gigante? David. ¿Quién quería ser como David? Todos los niños del barrio querían ser como él, e inclusive hoy en día creo los jóvenes quieren imitarlo. Y ¿qué decían las mujeres?: «Saúl mató a sus miles y David a sus diez miles». Es más, hasta hoy en día les ponemos el nombre «*David*» a los niños, ¿por qué? Porque es una gran figura, un héroe. Pero también vemos a David como un amante, un amante de Dios, un amante de sus amigos. Lea sus salmos y note cuán enamorado estaba de Dios, la relación intima que tenía con Él, e inclusive lea la historia cuando ligó su corazón al de Jonatán. Fíjese que llegaban al extremo de besarse y abrazarse. Pero eso no le restaba su masculinidad. Mató a un gigante y luego besó a Jonatán. No, siguió siendo el mismo. Aunque era un hombre, a la vez mostraba intimidad.

El mismo Pablo era un hombre de experiencia, uno que persiguió a la iglesia, que pasó por la cárcel y fue golpeado. Podríamos decir que era rudo por todo lo que sufrió; sin embargo cuando se despide de la iglesia de Éfeso, estaba llorando y besándolos, mostrándoles su afecto.

El propio Cristo Jesús, que predicó la verdad y nunca se retractó de lo que proclamaba, muchas veces hablaba con claridad y confrontó al poder de los judíos y el de los vendedores del templo. Llamó a mucha gente hipócrita. Era un hombre de carácter fuerte, pero cuando se trataba de mostrar amor a los niños, a la mujer en el acto de adulterio, a los leprosos, etc., dice la Biblia que el mismo Juan se recostó en su pecho. Brindaba una intimidad increíble. Y por eso es importante entender por qué a veces el hombre no es así. Tenemos otro rollo, estamos conectados con otro tipo de alambre, por eso hay corto circuito cada rato, porque no fuimos creados igual que la mujer.

[DEFINAMOS LA INTIMIDAD]

Para entender mejor y aprender a disfrutar la intimidad, no sólo con Dios sino con otras personas, debemos saber que ella consiste de cuatro componentes:

1) Seguridad. «Soy amado incondicionalmente».

Lo opuesto al sentimiento de que soy amado incondicionalmente es la intimidación, y esto es lo que debe tener, si quiere disfrutar intimidad con Dios. La intimidad que desarrolle le va a dar seguridad porque va a recibir también el amor que está dando. Cuando usted da o desarrolla una intimidad con la persona, se va a sentir más seguro porque dirá: «Me aman incondicionalmente» y la intimidad es lo que le da seguridad.

2) Sentirse valorizado. «Soy importante en esta relación».

En otras palabras, cuando se desarrolla una intimidad entre dos personas, o entre Dios y la persona, se va a sentir que es importante en esa relación. Cada persona siente que añade valor a la relación. Creo que por eso es importante entender por qué debemos desarrollar una intimidad con Dios, porque se va a sentir valorizado, que a Dios le interesa su relación.

3) Sensibilidad. «Quiere sentir y suplir sus necesidades».

La intimidad le da sensibilidad, le hace saber que quiere sentir. Una relación íntima le hace sensible a las necesidades de otro. Cuando percibimos la sensibilidad de otras personas, es que somos sensibles a lo que Dios quiere que expresemos. Referente a nuestra esposa o esposo, ¿qué es lo que va a hacer? Va a haber una sensibilidad increíble, porque hay un acercamiento. Por eso la intimidad con Dios es importante, porque nos hace sentir que Dios quiere estar con nosotros, y quiere suplir nuestras necesidades. De ahí que la intimidad en el matrimonio sea importante, porque le hace sentir eso. Cuando no hay sensibilidad es que no hay intimidad entre las dos personas.

4) Compartir. «Quiero pasar tiempo con usted».

La intimidad hace que comparta. Esto es querer pasar tiempo con la otra persona; es una relación íntima, una relación de buenos amigos.

[DESARROLLE LA INTIMIDAD]

La intimidad con Dios es muy importante. El mejor modelo de esa intimidad es la relación entre una pareja, ya que es algo muy importante y muy palpable.

[¿CÓMO DESARROLLAR INTIMIDAD CON DIOS?]

1) Pase tiempo con Él.

Es importantísimo, como líderes, que empecemos a pasar tiempo con Dios. Tenemos necesidad de buscar de Él, de humillarnos delante de Él, de reforzar nuestra vida espiritual. Y creo en el cambio. La fuerza espiritual debe salir de adentro hacia fuera, porque no vamos a tener fuerza espiritual si no pasamos tiempo con Dios. Me gusta lo que dijo un pianista que daba conciertos: «Si no practico por un mes, mi audiencia lo va a notar. Si no practico por una semana, mis amigos cercanos lo van a notar. Si no practico durante un día, yo lo voy a notar». Si no ora por un día, tal vez lo va a notar. Si no ora por unas semanas, sus amigos lo van a notar. Si deja mucho tiempo de orar, la gente también lo va a notar.

Tal vez podramos decir: «Es que no tengo mucho tiempo para pasarlo con Dios. Yo le dedico calidad no cantidad». No se trata ni de calidad ni de cantidad, es cuestión de ambas cosas, tiene que empezar a darle tiempo a Dios de las dos formas, y eso requiere una disciplina de nuestra parte. Exige que como líderes desarrollemos esa disciplina. Eso fortalecería a los matrimonios, y haría fuerte nuestra relación con Dios. Un matrimonio que no pasa tiempo juntos, y que no se conocen, después de veinte años van a ser los mismos. Se van los hijos y quedan ellos de la misma manera. Muchas veces pasa lo mismo en nuestra relación con

Dios y en la familia de la fe. Si quiere desarrollar intimidad con Dios, tiene que pasar tiempo con Él.

Hay tres elementos que nos colocan en la presencia de Dios: la adoración, la oración y la Palabra. ¿Cuál es la más fácil para usted? Porque no todas son sencillas de practicar. Hay personas que dicen: «A mí me gusta la adoración»; otras afirman: «A mí me gusta mucho orar»; y otras: «A mí me gusta la Palabra, me gusta leerla mucho». Le aconsejo que empiece por lo que es más fácil para usted, pero no se detenga ahí, le recomiendo que implemente los tres elementos. Oiga casetes en su carro y empiece a alabar al Señor, o ponga predicaciones y empiece a escucharlas, etc. Hay muchas maneras de tratar de pasar tiempo con Dios.

2) Busque agradar a Dios.

Para los que están casados, si ustedes recuerdan, cuando andaban de novios, ¿cómo y qué sentían? Sentían mariposas en el estómago, el día se les hacía largo esperando que llegara el amado y tocara la puerta, o el fin de semana, si es que iba cada semana, y siempre el hombre procuraba la manera de agradar a la pareja. Pero después de casados, ¡cómo cambia todo eso! ¿No es cierto? En lugar de decir: ¿Qué voy a hacer por ella?, se pregunta: ¿Qué va a hacer ella por mí? Nos cambia la mentalidad de siervos por la egoísta. En el noviazgo servimos, pero cuando nos casamos queremos que nos sirvan. Esto pasa mucha veces en nuestra relación con Dios, ¿cómo está agradando a Dios ahora? Cuando fue salvo buscaba mil maneras de agradar a Dios, pero después que el tiempo pasó ¿qué ocurrió?

Hay áreas personales con las que agrado a Dios. Y hay cinco que procuro ejercitar como disciplina:

Obediencia. En todo lo que hago, es muy fácil para mí no consultar con Dios. Es algo que no está en uno, no quiero hacer las cosas a mi manera, pero las hago; como decía el apóstol

Pablo. Hay que recordar que una obediencia parcial es desobediencia.

Poner a Dios primero (El señorío). Tengo que entender que si Cristo no está en el trono de mi vida, soy un cero a la izquierda. Ahí tengo que empezar a agradar a Dios, colocando a Cristo en primer lugar.

Rendir mis derechos personales. A veces batallamos para ceder lo que creemos nuestros derechos, y excusamos ceder el derecho que tenemos.

Discernir el mover de Dios. Tengo que ser sensible a lo que Dios quiere hacer. Es muy fácil mantenerse en la rutina. Por la experiencia que tengo y por mi trasfondo, no quiero tener una iglesia más del montón, quiero que Dios sea el que se mueva en lo que hagamos. Tengo que discernir muy bien el mover de Dios en mi vida y en lo que estoy haciendo.

Darle la gloria a Dios. Tengo que regresar a la cruz: «y si en algo me he de gloriar es en la cruz de Cristo», aprendiendo a darle la gloria a Dios.

¿Cuáles son las cinco áreas en las que usted necesita agradar a Dios?

¿Se ha puesto a pensar en eso? Piense aunque sea en un área. Creo que muchas veces fallamos en la devoción. No somos muy dados a ella, ya que vivimos una vida agitada. Pero pienso que debemos detenernos un poco cada día para pasar un tiempo devocional con Dios y empezar aunque sea con diez o quince minutos. Es necesario empezar. Creo que Dios se agrada cuando le damos más tiempo a Él.

3) Reflexione en lo que Dios está haciendo en su vida.

¿Qué es lo que Dios está haciendo? Creo que si no reflexionamos podemos tomar la obra del Señor a la ligera. Debemos valorizar cuando Dios nos usa y darle las gracias en todo, y más si oye a personas que dan testimonio de usted. Con más razón debe reflexionar en la bondad de Dios y agradecérselo para que no se crea que usted mismo lo hizo.

4) Encuentre a una persona que sea ejemplo de la intimidad.
Si quiere desarrollar intimidad con Dios, busque a otras personas que le den ejemplo. Creo que la intimidad se capta mejor cuando es enseñada, ¿no es cierto? Porque la podemos enseñar y la gente no la capta. Pero si lo vive con alguien más es diferente. Busque a una persona que sepa hablar con Dios y que le ayude a hacerlo. La intimidad se capta mejor cuando se practica que cuando se enseña. Es necesario que busquemos personas que la viven. Pídale a Dios que le muestre con quién puede desarrollarla.

5) Participe con un grupo que practique la intimidad.
Debe juntarse con personas que practiquen la intimidad con Dios, que oren por largo tiempo. Es importante participar con un grupo que esté practicando la intimidad.

6) Practique la intimidad con su familia.
Si practicamos la cercanía con nuestras familias, será más natural estar en intimidad con Dios. No debe haber secretos en la intimidad con nuestra familia, sólo practicándola podemos vivirla. Cristo la practicó en la Última Cena con sus discípulos. En Juan 17 muestra una intimidad tremenda con su Padre.

Ya hablamos de seis cosas para desarrollar la intimidad con Dios. Ahora hablaremos acerca de promover la condición correcta para la intimidad con Dios. Si la creamos en nuestra vida, Dios llegará y morará en nosotros. Segunda de Crónicas 7:14 nos dice: «*Si se humillare mi pueblo, sobre el cual mi nombre es invocado, y oraren, y buscaren mi rostro, y se convir-*

tieren de sus malos caminos; entonces yo oiré desde los cielos, y perdonaré sus pecados, y sanaré su tierra».

En otras palabras, lo que veo aquí es que Dios quiere la condición correcta para establecer intimidad. Tiene que haber un proceso, humillación e invocación. Tiene que haber oración, búsqueda, tiene que convertirse la persona, y debe buscar a Dios para que Él pueda decir: «Está bien». Este versículo me enseña que Dios no hace la intimidad, somos nosotros quienes la establecemos. Note la frase «Si mi pueblo», no dice: «Si hago esto». No es iniciativa de Dios sino de nosotros. Es por eso que le digo que Dios no hace la intimidad sino nosotros, pero Él nunca falla en revelarse a sí mismo a aquellos que lo procuran, a aquellos que dan los pasos sencillos de prepararse para su presencia. Recuerde, la intimidad implica seguridad, sentirse valorizado, sensibilidad y compartir. Si usted se pregunta: ¿cómo lo puedo lograr?, la respuesta está en Santiago 1:5-8: *«Y si alguno de vosotros tiene falta de sabiduría, pídala a Dios, el cual da a todos abundantemente y sin reproche, y le será dada. Pero pida con fe, no dudando nada; porque el que duda es semejante a la onda del mar, que es arrastrada por el viento y echada de una parte a otra. No piense, pues, quien tal haga, que recibirá cosa alguna del Señor. El hombre de doble ánimo es inconstante en todos sus caminos».*

[**¿POR QUÉ NO PEDIMOS MÁS DE DIOS?**
DÉJEME DARLE TRES RAZONES:]

1) Porque carecemos de intimidad en nuestra relación con Él.

Es por eso que a veces no pedimos más de Dios. ¿Cómo vamos a hacerlo si no estamos íntimamente relacionados con Él. Imagínese a un matrimonio en que uno de ellos quiere que haga algo por el otro, por ejemplo, «Amor, hazme esto», pero nunca se hablaron ni se buscaron. Eso nos indica que no tienen una intimidad cercana. ¿Cree usted que pueden hacerse caso entre sí? Claro que no.

2) Porque carecemos de fe en su provisión.

No creemos, porque no hay fe, ya que no hay intimidad.

3) No sabemos qué pedir.

Por eso no pedimos más de Dios, ya que no sabemos qué pedir. Esto se debe a que no estamos íntimamente ligados con Dios para saber cuál es su voluntad.

David, el hombre conforme al corazón de Dios, le dio un consejo increíble a su hijo Salomón. En 1 Crónicas 28:9: *«Y tú, Salomón, hijo mío, reconoce al Dios de tu padre, y sírvele con corazón perfecto y con ánimo voluntario; porque Jehová escudriña los corazones de todos, y entiende todo intento de los pensamientos. Si tú le buscares, lo hallarás; mas si lo dejares, él te desechará para siempre».*

Yo fui a la historia de este consejo y la encontré en 2 Crónicas 1:7-12; usted la conoce. David le recomienda a su hijo que le pida sabiduría a Dios, que lo reconozca.

«Y aquella noche apareció Dios a Salomón y le dijo: Pídeme lo que quieras que yo te dé. Y Salomón dijo a Dios: Tú has tenido con David mi padre gran misericordia, y a mí me has puesto por rey en lugar suyo. Confírmese pues, ahora, oh Jehová Dios, tu palabra dada a David mi padre; porque tú me has puesto por rey sobre un pueblo numeroso como el polvo de la tierra. Dame ahora sabiduría y ciencia, para presentarme delante de este pueblo; porque ¿quién podrá gobernar a este tu pueblo tan grande? Y dijo Dios a Salomón: Por cuanto hubo esto en tu corazón, y no pediste riquezas, bienes o gloria, ni la

vida de los que te quieren mal, ni pediste muchos días, sino que has pedido para ti sabiduría y ciencia para gobernar a mi pueblo, sobre el cual te he puesto por rey, sabiduría y ciencia te son dadas; y también te daré riquezas, bienes y gloria, como nunca tuvieron los reyes que han sido antes de ti, ni tendrán los que vengan después de ti».

Observo en estos versículos algunas señales de intimidad de Salomón con Dios, veamos.

1) Salomón escuchó que Dios le habló.

La primera señal que veo en esta relación de intimidad entre Salomón y Dios es que escuchó que Dios le habló. Si se fija en el versículo 7: *«Y aquella noche apareció Dios a Salomón»* y le dijo a Salomón: *«Pídeme lo que quieras que yo te dé»*. Ahora, la pregunta que le haría es: ¿Cuándo fue la última vez que Dios habló con usted? Algunos responderán: Hace un siglo, otros: Ya se nos olvidó.

2) Dios quería complacer a Salomón.

Cuando hay intimidad se desea complacer.

3) Salomón había visto a Dios obrar en su familia.

Salomón comprendía esta intimidad porque había visto que su padre tenía un corazón para Dios. Note que esto ya venía de generación, él dice: *«Tú has tenido con David mi padre gran misericordia»*. Salomón ya había visto cómo obraba Dios en su familia.

4) Salomón reconoció la soberanía de Dios.

En la intimidad que estaba desarrollando con Dios, él tenía que dirigir a un pueblo como líder, y necesitaba la ayuda de Dios. Esto nos debe motivar a buscar más a Dios para tener su sabiduría, ya que usted y yo somos responsables de la gente a nuestro cargo, y muchas veces no valorizamos el lugar donde nos puso Dios.

5) Salomón se sintió incluido en los planes de Dios.

En otras palabras se sintió valorizado, en el versículo 9 nos dice: *«Confírmese pues ahora, oh Jehová Dios, tu palabra dada a mi padre David».* Lo que está diciendo es: «Mira, Señor, te pido que cumplas con los planes que tenías para mí, es todo».

6) Salomón sabía lo que necesitaba.

Él sabía lo que necesitaba para crecer como líder, para desarrollarse como la persona responsable de una gran nación; sabía que la única manera era estableciendo una intimidad con Dios.

7) Salomón no tuvo temor de admitir sus debilidades.

Él no se sentía capaz, por lo que le dijo: *«¿Quién podrá gobernar este pueblo tan grande».* En otras palabras: «Si no me ayudas, no podré». ¿Cree que puede ejercitar o desarrollar el ministerio que Dios le ha dado sin la ayuda de Él? ¡Claro que no!

8) La petición de Salomón agradó a Dios.

Dios quería complacerlo y le dijo: *«Pídeme lo que quieras que te dé»,* y él respondió: *«Dame sabiduría».* Eso agradó a Dios, miró su corazón, porque recordó lo que David su padre le aconsejó: que Dios escudriña los corazones y conoce los pensamientos. Creo que eso nunca se le olvidó a Salomón, porque cuando pidió, lo hizo de corazón.

9) Dios bendijo de gran manera a Salomón.

Puesto que no sólo le concedió sabiduría, sino riquezas, gloria, bienes, larga vida. Dios bendijo de gran manera a Salomón. Ahora pregúntese: Si Dios le dijera: Pídeme lo que quieras que te dé,

¿cual sería su respuesta?, ¿Sabríamos qué pedir? y lo que pediríamos ¿agradaría a Dios?

Me gusta lo que dice Juan 14:13-15: *«Y todo lo que pidiereis al Padre en mi nombre, lo haré, para que el Padre sea glorificado en el Hijo. Si algo pidiereis en mi nombre, yo lo haré. Si me amáis, guardad mis mandamientos».* Aquí Cristo no dice que nuestra intimidad con Dios no demuestra lo que debemos pedir. Si no sabe qué pedirle a Dios para su vida, establezca intimidad con Dios, conozca más de Él, para que pueda conocer más de lo que hay en su corazón. Es decir, si desarrollamos una intimidad con Dios vamos a saber qué hay en su corazón; vamos a saber qué pedir, porque conocemos el corazón de Dios, por eso dice: «Si me amáis, guarda mis mandamientos».

[CREO QUE CUANDO PONEMOS A DIOS PRIMERO:]

1) Vivimos por encima de las circunstancias.

Cuando usted y yo empezamos, como líderes, a poner a Dios primero, vamos a vivir por encima de nuestras circunstancias, porque muchas veces ellas nos quitan la relación con Dios. Ponga a Dios primero y aprenderá a vivir sobre sus circunstancias.

2) Sabemos en dónde se encuentra la felicidad.

Si pone a Dios primero, va a saber y conocer dónde se encuentra la felicidad, ¿por qué? Porque su espíritu va a anhelar estar en la presencia de Dios, su espíritu se va a regocijar en el Señor.

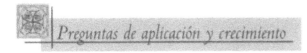

Preguntas de aplicación y crecimiento

Cómo desarrollar la intimidad con Dios:

1. Escríbale una carta de amor a Dios.

2. Haga cada semana una obra de caridad sin esperar que se lo agradezcan.

3. Trabaje creando un buen hábito, uno que usted sepa que va a agradar a Dios. Un hábito es algo que se hace a través de la práctica.

4. Haga una lista de sus amigos, y al lado del nombre enumere las virtudes cristianas que observa en su vida.

5. Tómese un día a solas con Dios.

6. Lea la Biblia en una versión que sea nueva para usted.

7. Pregúntese continuamente: ¿Qué es lo que Cristo haría?

8. En su tiempo a solas con Dios considere las siguientes preguntas:
   1) ¿Cuál es el siguiente paso en mi relación contigo hoy, Señor?
   2) ¿Cuál es el siguiente paso para desarrollar mi carácter hoy, Señor?
   3) ¿Cuál es el siguiente paso en mi relación con mi familia hoy, Señor?
   4) ¿Cuál es el siguiente paso en mi ministerio hoy, Señor?

9. Llévelo a cabo, usted tiene las llaves para mantener su relación con vida, y creciendo a través de la oración, estudios bíblicos y poniendo a Dios primero en todas sus acciones.

EL LÍDER ENFOCADO EN LA PERCEPCIÓN

cuatro

La mayoría de los líderes toman su responsabilidad, vocación o trabajo en serio, pero no a sí mismos.

Al hablar sobre el líder y su percepción nos preguntamos, ¿cómo es percibido el líder por otros? Nos basaremos en 1 Samuel capítulos 16, 17 y 18. Al estudiar sobre la vida de David, ¿por qué fue percibido como un hombre grande?, puesto que también era percibido como un hombre ordinario como cualquier otro. David no se tomaba en serio a sí mismo e inclusive fue una persona tan ordinaria que simplemente supo que Dios lo había llamado, y siguió haciendo su trabajo, no tomó su título y su posición muy en serio.

Le voy a dar una fórmula para el liderazgo. La mayoría de los grandes líderes asombrosamente están ciegos al significado propio; en otras palabras, aunque toman sus responsabilidades, llamado o trabajo en serio, no hacen lo propio consigo mismos. Son personas normales; el hecho de que estén en una posición de líder no quiere decir que sean intocables. Son personas como usted y como yo, incluso duermen igual que usted, tal vez roncan, etc. No porque estén en una posición están fuera de su alcance. David era accesible a su gente. Le sorprendía la manera en que Dios lo estaba usando, especialmente en los primeros años de su vida. Le maravillaba cómo Dios lo empezó a usar y cómo le empezó a abrir puertas.

[DOS PRINCIPIOS SOBRE LA PERCEPCIÓN]

1. Vemos las cosas como estamos preparados para verlas.

No sé si le ha pasado a usted que cuando compra un carro, empieza a ver otros parecidos en la calle, lo que sucede es que uno se prepara con este tipo de situación.

2. Lo que vemos es lo que obtenemos.

Si ve las cosas mal, todo le va a salir mal, vamos a ser personas negativas, pero si empezamos a disciplinarnos en lo positivo, las cosas van a salir mucho mejor. Es la percepción de las cosas lo que a veces nos hace que recibamos lo que tenemos.

[1. ¿CÓMO PERCIBEN LOS DEMÁS A UN LÍDER?]

Veremos esto en 1 Samuel 16:1-13; 18:1-18.

Calvin Millar dijo: «¿Cómo se parecen los líderes? En muchas maneras, sin embargo una cosa debe decirse de todos ellos:

parecen ser líderes. El líder siempre se declara a sí mismo, el liderazgo, nunca se interpreta menos que lo que es». Parece confusa esta frase, pero si reflexionamos en ella, tiene mucho significado.

Esta frase la estudié en inglés e interpretarla para mí fue un reto, ya que quería darle igual significado. Lo que más me llamó la atención es donde dice: «parecen ser líderes», ¿acaso no es verdad? Es difícil definir el liderazgo; pero todos pueden reconocerlo a uno cuando lo ven. Cuando un líder entra a una habitación todos saben quién llega, se nota a simple vista. Yo siempre he dicho que si usted tiene que decirle a la gente: «yo soy el líder», entonces no lo es. Muchas veces pensamos que por la posición en que estamos debemos exigir que se nos dé consideración. A veces puede que usted tenga la posición de líder y alguien más está gobernando o dirigiendo; eso se ve en la política y también en las organizaciones.

John White dijo: «Los líderes tienen cierto tipo de elitismo que no puede ser negado. ¿Cuál es ese tipo de elitismo? Es un magnetismo ganador; la calidad de este magnetismo es más atractivo en el líder que no sobrevaloriza su carisma. Sicológicamente está seguro y no tiene ninguna necesidad de "tocar" su propia trompeta».

El líder no tiene que andar diciendo: «Respétame, yo soy el líder». Él solo se gana ese lugar, y eso paso con David. De cuidar ovejas llegó a ser rey. Virtualmente ni fue invitado cuando iban a ungirlo. Dios empezó a abrir puertas para él. En 1 Samuel capítulo 16 y 18, un líder empezó a levantarse, su familia no lo reconoció, pero Dios y Samuel sí. Samuel casi ni lo reconoció porque se guió por la apariencia, y al ungirlo como rey con aceite, el pueblo lo reconoció, y vieron cosas en él que le dieron habilidades de líder.

En 1 Samuel 16:1-5 vemos la historia cuando Dios envía a Samuel. Este le dice a Dios: Bueno ¿y si el rey me pregunta? ¿Qué digo? Dile que vas a ofrecer sacrificio y junta a los sacerdotes, a Isaí y a sus hijos, le respondió Dios. Esto me llama la atención porque Dios lo envía a ungir a un líder, a un rey.

[HAY TRES CLASES DE LÍDERES]

1. Aquellos que no tienen el don pero aprenden.

Por si no lo sabía, el liderazgo es un don. En Romanos lo dice: «*El que preside que lo haga con solicitud*». Si estudia esa frase, estudiará el atributo y el don del liderazgo. Hay personas que no tienen el don, pero lo aprenden.

2. Aquellos que tienen el don y aprenden.

Una cosa es tener el don y otra cosa es aprender a ser líder, a ejercitarlo, y poder llevarlo acabo en nuestras vidas.

3. Aquellos que tienen el don y aprenden y son ungidos por Dios.

Aquí se tiene un liderazgo en todo el sentido de la palabra, porque los líderes que Dios usa para emprender grandes cosas no solo tienen el don, y aprenden, sino que son ungidos por Dios, y eso es vital; es lo que sucedió en la vida de David.

[II. ERRORES QUE HACEMOS AL ESCOGER A UN LÍDER]

1. Miramos las apariencias.

A veces escogemos a alguien porque parece líder. Todos hemos caído en esa trampa, y cuando esa persona abre su boca comprendemos que no es líder. Escogemos por la apariencia. Pero eso no ocurre únicamente con usted; a Saúl se le escogió también como rey por la apariencia, y si no, fíjese lo que dice la Biblia en 1 Samuel 10:23, 24: «*Entonces corrieron y lo trajeron de allí; y puesto en medio del pueblo, desde los hombros arriba era más alto que todo el pueblo. Y Samuel dijo a todo el pueblo: ¿Habéis visto al que ha elegido Jehová, que no hay semejante a él en todo el pueblo? Entonces el pueblo clamó con alegría, diciendo: ¡Viva el rey!*»

A los ojos del pueblo Saúl parecía un líder. Esto es interesante, ya que el llamado de Saúl se ligó a la apariencia en comparación con el de David, que fue conforme al corazón de Dios.

Muchas veces escogemos líderes aun dentro de las organizaciones, por como se ven, si «se visten bien», «si tienen buena presentación», pero eso no es suficiente. Si no tienen el llamado, el don y la unción, de nada les va a servir.

Saúl fue elegido porque el pueblo pedía un rey. Ese no era el plan original de Dios, ya que el rey de Israel era Dios, pero la unción suya no iba a caer sobre Saúl. Dios quiso complacer al pueblo cuando le pidieron un rey.

2. Escogemos líderes basados en el pasado.

1 Samuel 16:6-7 indica: «*Y aconteció que cuando ellos vinieron, él vio a Eliab, y dijo: De cierto delante de Jehová está su ungido. Y Jehová respondió a Samuel: No mires a su parecer, ni a lo grande de su estatura, porque yo lo desecho; porque Jehová no mira lo que mira el hombre; pues el hombre mira lo que está delante de sus ojos, pero Jehová mira el corazón*».

Samuel buscaba a alguien como Saúl, porque recordó cómo era Saúl. Eso quiere decir que escogemos basados en el pasado o en la apariencia. Cuando Samuel llegó ante Isaí y vio a su primer hijo, pensó que ese sería el próximo líder. Isaí hizo presentar a sus hijos de acuerdo al ejemplo de Saúl, desde el más grande al más chico, pero empezó con el mayor, pensando que ese sería el indicado.

3. Escogemos basados en el orden de arriba.

1 Samuel 16:8-10: «*Entonces llamó Isaí a Abinadab, y lo hizo pasar delante de Samuel, el cual dijo: Tampoco a éste ha escogido Jehová. Hizo luego pasar Isaí a Sama. Y él dijo: Tampoco a éste ha elegido Jehová. E hizo pasar Isaí siete hijos suyos delante de Samuel; pero Samuel dijo a Isaí: Jehová no ha elegido a éstos*».

Al parecer Isaí llamó a sus hijos en orden de mayor a menor, desde el que más impresionaba al que menos lo hacía, y David estaba en el último lugar, aunque no estaba allí y a continuación les comento por qué:

1) Porque era el más joven.

Se acuerda que estaban presentando desde el más grande al más joven, entonces el más joven no tenía oportunidad para ser rey.

2) Porque era el único que no estaba presente.

A él no lo invitaron a esa ceremonia, seguro pensaron que nunca tendría la oportunidad de ser rey, era demasiado joven, y cuidaba ovejas.

Los líderes que Dios nos da siempre están ocupados, nunca están con el montón, porque si estuvieran con el montón no harían nada, y los que no están con el montón es porque están haciendo algo, y eso es lo que pasó con David.

¿Puede, cómo líder potencial, sobreponerse a las limitaciones de la estructura, edad y apariencia física? La ilustración clásica la encontramos en 1 Timoteo 4:12-16: «*Ninguno tenga en poco tu juventud, sino sé ejemplo de los creyentes en palabra, conducta, amor, espíritu, fe y pureza. Entre tanto que voy, ocúpate en la lectura, la exhortación y la enseñanza. No descuides el don que hay en ti, que te fue dado mediante profecía con la imposición de las manos del presbiterio. Ocúpate en estas cosas; permanece en ellas, para que tu aprovechamiento sea manifiesto a todos. Ten cuidado de ti mismo y de la doctrina; persiste en ello, pues haciendo esto, te salvarás a ti mismo y a los que te oyeren*».

En estos cinco versículos están las cinco cosas que ayudan a una persona a sobreponerse ante las limitaciones de la edad, apariencia física o estructura para llegar a ser un líder.

Las cinco cosas que nos ayudan a sobreponernos en las limitaciones de la estructura, edad y apariencia física.

1) Sea ejemplo.

¿Quiere sobreponerse a las limitaciones de la edad?, sea un ejemplo, como líder. Recuerdo que cuando empecé a ministrar, tenía catorce años. Cuando empecé a pastorear, a los veintiún años, fue un reto para mí porque había matrimonios con problemas que podrían ser mis padres. Y me lo decían abiertamente: «No podemos consultarte, ¿qué nos vas a decir si tienes veintiún años, y tres de casado? Nosotros tenemos cuarenta y todavía no puedo entender a mi mujer». Y era cierto, tenían toda la razón. Así que le pregunté al Señor: «¿Qué voy a hacer?» Y el Señor me llevó a Timoteo: «*Ninguno tenga en poco tu juventud*». Así que cuando empecé a hablar con esas personas les dije: «Miren, no les voy a aconsejar de lo que sé, porque la verdad es que ustedes podrían saber más que yo, pero de lo que la Palabra de Dios dice, de eso hablare». Y creo que muchas veces tenemos una limitación, ya sea la estructura y el sistema de la organización, la edad o la apariencia física. Tenemos que tener cuidado de las cosas para sobreponer el ejemplo.

2) Haga lo básico.

Sea ejemplo en palabra, conducta, amor, espíritu, fe y pureza. A veces somos tan complicados que nos olvidamos de lo básico.

3) Utilice sus fuerzas.

Si es joven, si tiene una limitación, use lo que crea es su fortaleza.

4) No se intimide ni desvíe.

Que nadie lo intimide, si usted sabe que Dios lo ha llamado, si Dios lo ha puesto en ese lugar, no se atemorice, que no se desvién ni su vida ni su llamado del propósito que Dios tiene para usted.

5) Desarrolle un crecimiento y disciplina personal.

Si usted quiere superar las limitaciones que tiene a su alrededor, entonces empiece a desarrollar un crecimiento, y disciplina personal, leer la Palabra de Dios, tener devocionales, etc. Cada uno debería tener un patrón, un plan de crecimiento personal, no se conforme con los servicios del domingo y entre semana, usted personalmente debería desarrollar un sistema que lo ayude a crecer.

4. Deténgase antes que el líder verdadero surja.

Muchas veces nos conformamos con lo mediocre, porque somos impacientes o porque se nos está acabando el tiempo, o porque somos presa del pánico. No esperamos a que llegue el mejor líder y tomamos a quien sea, y eso Dios no lo quiere así. Eso es lo que describe Primera de Samuel 16:11: «*Entonces dijo Samuel a Isaí: ¿Son éstos todos tus hijos? Y él respondió: Queda aún el menor [Si no le hubiera preguntado Samuel, nunca lo habrían traído], que apacienta las ovejas. Y dijo Samuel a Isaí: Envía por él, porque no nos sentaremos a la mesa hasta que él venga aquí*». El líder determina el éxito de la organizatión, iglesia o negocio, ¿sabe por qué? Porque estos principios se aplican a cualquier organización ya sea iglesia, negocio u organización, pero el líder determina el éxito del ministerio, organización o negocio.

Es importante persistir hasta que el líder correcto surja, porque todo sube y baja en el liderazgo. Dios siempre es el fundamento, pero si Él no tiene un buen líder no va a haber una buena administración. Si no me cree, lea la Biblia. Cuando Israel tenía un mal líder se iba abajo; cuando tenía uno bueno subía. Esto es un principio bíblico.

John Maxwell en una ocasión nos compartía la historia de Don Stephenson, presidente de Hospitalidad Global, organización que compra centros vacacionales en decadencia. Stephenson dice: «Lo primero que hacemos cuando adquirimos un lugar es que despedimos al líder sin preguntarle nada. Lo hacemos porque si él supiera lo que estaba pasando, no hubiera llegado a la necesidad de venderlo». Aquí el problema es el liderazgo, y decía: «Cuando despedimos al líder y ponemos a alguien capaz la situación cambia».

Siempre necesitamos cuidado al escoger al líder, porque quien escojamos determinará el éxito del ministerio, iglesia, organización y aun negocio.

¿Cómo saber cuando el Espíritu de Dios está sobre el líder? Hay varias razones, pero me gusta esta porción bíblica de 1

Samuel 16:12-13: *«Envió, pues, por él, y le hizo entrar; y era rubio, hermoso de ojos, y de buen parecer. Entonces Jehová dijo: Levántate y úngelo, porque éste es. Y Samuel tomó el cuerno del aceite, y lo ungió en medio de sus hermanos; y desde aquel día en adelante el Espíritu de Jehová vino sobre David. Se levantó luego Samuel, y se volvió a Ramá».*

Me llama la atención la frase *«y desde aquel día en adelante el Espíritu de Jehová vino sobre David».* Esto es la unción de Dios.

1) Unción de Dios para hacer trabajos poco comunes.

Lo que David hizo muchas veces no era común: mató a un gigante.

2) Un fruto abundante en su trabajo.

Si alguien dice que es líder, y no tiene frutos, eso nos demuestra la falta la unción.

3) Dios levanta al individuo delante de otros.

Usted puede ver que el Espíritu de Jehová está con ellos porque Dios lo levanta delante de los demás, no es una promoción personal, sino de Dios. Si usted es un líder con una unción espiritual, otros se van a encargar de acrecentarlo y darle su lugar; pero si usted se levanta solo, va a caerse. Recuerde que cuanto más ascienda solo, más fuerte será el golpe.

4) La humildad y el deseo de darle a Dios el crédito.

Los líderes con unción espiritual siempre quieren que Dios se lleve la gloria. Tienen mucho cuidado de dirigir al pueblo hacia Dios. Usted va a notar en estas personas la humildad y el deseo de darle a Dios el crédito. Estaba leyendo la historia de Billy

Graham, que comenta que cuando le dicen que es un gran hombre, siempre trata de desviar o cambiar la conversación. «Yo no soy el grande aquí, es Dios, y si no es por Él no estuviera donde estoy» afirma. Y dice que si permite que le digan eso, se lo puede creer. Qué hermoso ejemplo, ¿no cree? Es importante entender que en todo lo que uno haga, el Espíritu de Dios se deja notar. Cuando uno le da la gloria a Dios, Él se lleva el crédito y uno la bendición reservada para los humildes.

No vaya a ser como una persona a quien le dijeron: «Qué bonito canta» y respondió: «Y todavía me sé otro».

5) Comprender que el talento es más grande que el líder.

Nos metemos en problemas cuando no separamos el talento y la persona. Muchas veces somos atraídos por alguien que tiene un carisma tremendo, y no nos fijamos que es humano, ¿por qué? Porque miramos más sus habilidades que la humanidad que tienen. Lo podemos tener demasiado en alto por causa de sus habilidades, pero en realidad son personas ordinarias con defectos. Tenemos que aprender que el talento es más grande que ellos mismos. David sabía eso, que la única manera de matar al gigante no era por su altura ni fortaleza; él sabía que lo que le faltaba era lo que Jehová le daría.

[III. ¿CÓMO ES AFECTADO SU LIDERAZGO POR LA PERCEPCIÓN DE OTROS?]

1. ¿Cómo percibía Saúl a David?

Veamos lo que afirma 1 Samuel 18:1-8: «*Aconteció que cuando él hubo acabado de hablar con Saúl, el alma de Jonatán quedó ligada con la de David, y lo amó Jonatán como a sí mismo. Y Saúl le tomó aquel día, y no le dejó volver a casa de su padre. E hicieron pacto Jonatán y David, porque él le amaba como a sí* mismo. *Y Jonatán se quitó el manto que llevaba, y se lo dio a David, y otras ropas suyas, hasta su espada, su arco y su talabarte. Y salía David a dondequiera que Saúl le enviaba, y se portaba prudentemente. Y lo puso Saúl sobre gente de guerra, y era acepto a los ojos de todo el pueblo, y a los ojos de los siervos de Saúl. Aconteció que cuando volvían ellos, cuando David volvió de matar al filisteo, salieron las mujeres de todas las ciudades de Israel cantando y danzando, para recibir al rey Saúl, con panderos, con cánticos de alegría y con instrumentos de música. Y cantaban las mujeres que danzaban, y decían: Saúl hirió a sus miles, y David a sus diez miles. Y se enojó Saúl en gran manera, y le desagradó este dicho, y dijo: A David dieron diez miles, y a mí miles; no le falta más que el reino*».

De estos ocho versículos puedo ver la manera en que Saúl percibió a David como líder:

1) Como un gran guerrero.

Lo consideraba un gran guerrero, desde el momento que David mató al gigante tuvo ese pensamiento.

2) Como un miembro valioso del equipo.

Le convenía tenerlo en su grupo.

3) Obediente.

Nunca desobedeció, y un versículo recalca que se comportaba prudentemente, e iba a donde lo enviaban.

4) Exitoso.

Porque todo lo hacía bien.

5) Como dirigente.

Saúl lo puso como dirigente de gente de guerra.

6) Lo vio aceptado por la gente.

Saúl se dio cuenta que la gente aceptaba a David.

7) Percibió que la gente lo puso en alto.

Solamente vea la frase «Saúl hirió a sus miles y David a sus diez miles».

8) Saúl también lo vio como un posible sucesor.

Él dijo: «*No le falta más que el reino*». Recuerde que los líderes parecen ser líderes. David nunca le dijo a Saúl: «¿Sabes que un día me gustaría ser como tú?» aunque sabía que había sido ungido por rey, por Samuel. David esperó su tiempo y Saúl pudo percibirlo.

2. ¿Puede un líder subir muy rápido? Y si lo hace ¿lo dañaría?

En el caso de David estamos hablando de un joven pastor que en el transcurso de una semana le parecía al gobernante, y a la nación, que sería el próximo rey. Si David hubiera tomado su posición en una semana, pudo haber descendido rápido, y así suceden dos cosas, ¿por qué?

1) No tiene la experiencia suficiente con la gente ni los problemas.

Cuando surgieran los problemas no tendría los recursos, experiencia y antecedentes para tratar con la gente. Fue hasta que David mató al gigante que obtuvo experiencia con el pueblo.

2) Falta de fuerza emocional.

Un líder que se levanta muy rápido tiene una falta de fuerza emocional, aun no está estable, sus emociones todavía no están fuertes; ya que trabaja en áreas y terrenos que nunca ha descubierto, y a David le hubiera pasado lo mismo.

3) La inhabilidad de ver el cuadro completo.

Al subir muy rápido no tendría la habilidad de ver el cuadro completo. Cuando se sube demasiado rápido no se tiene la perspectiva correcta, ¿por qué? Porque no es lo mismo caminar y ver el panorama completo, que ir corriendo.

4) No aprecia lo que tiene porque no pagó el precio.

No aprecia lo que tiene como líder, por no pagar el precio.

5) Falta de profundidad y calidad en el liderazgo.

Subir demasiado rápido a una posición le haría carecer de calidad y liderazgo, ya que no se da tiempo para madurar.

6) Falta de tiempo para desarrollar al equipo.

Si sube demasiado rápido no tendrá tiempo para desarrollar a un equipo. Mucho antes de que David fuera rey, se dio tiempo para hacerse de hombres de guerra. Él formó a su equipo a lo largo del tiempo transcurrido para llegar al reinado.

IV. ¿CÓMO SE PERCIBE EL LÍDER A SÍ MISMO, AFECTA ESO SU LIDERAZGO?

«No le hará a Dios ningún favor si sale al mundo sin ninguna comparación verdadera de quien es usted. La ignorancia de sí mismo impone limitaciones que evitarán que mucho de su potencial en el liderazgo se desarrolle». Calvin Miller

Si usted no conoce quién es, qué habilidades y fuerzas tiene, eso evitará que se desarrolle como líder. Me gusta como

Abraham Maslow dice en su libro *Hacia la psicología de ser*: «Las personas con una baja estima no sólo son frenéticas o locas en su estilo de vida, son menos imaginativas, están menos propensas a ser líderes con éxito que las que han logrado controlar al enemigo que llevan dentro». Todo eso es disciplina; eso nos hace o nos deshace.

Los gigantes que usted y yo debemos enfrentar son los que están adentro, no los que están afuera. Si queremos ser líderes, tenemos que hacerle frente primero a los gigantes internos. La falta de disciplina y poder desarrollar un plan para crecer es esencial, mientras no lo haga lo domine, eso no va a poder derribar a los gigantes externos. Se empieza de adentro hacia fuera. Por eso David estuvo listo para enfrentarse al gigante, porque estaba en casa practicando con los leones y lobos. Antes de matar gigantes hay que matar enanos (en el buen sentido de la palabra); las cosas pequeñas de nuestra vida hay que aprenderlas a matar.

[V. ¿CÓMO PERCIBE EL LÍDER LA TAREA, AFECTA ESO SU HABILIDAD DE DIRIGIR?]

Lea 1 Samuel 17:20-27: «*Se levantó, pues, David de mañana, y dejando las ovejas al cuidado de un guarda, se fue con su carga como Isaí le había mandado; y llegó al campamento cuando el ejército salía en orden de batalla, y daba el grito de combate. Y se pusieron en orden de batalla Israel y los filisteos, ejército frente a ejército. Entonces David dejó su carga en mano del que guardaba el bagaje, y corrió al ejército; y cuando llegó, preguntó por sus hermanos, si estaban bien. Mientras él hablaba con ellos, he aquí que aquel paladín que se ponía en medio de los dos campamentos, que se llamaba Goliat, el filisteo de Gat, salió de entre las filas de los filisteos y habló las mismas palabras, y las oyó David. Y todos los varones de Israel que veían aquel hombre huían de su presencia, y tenían gran temor. Y cada uno de los de Israel decía: ¿No habéis visto aquel hombre que ha salido? El se adelanta para provocar a Israel. Al que le venciere, el rey le enriquecerá con grandes riquezas, y le dará su hija, y eximirá de tributos a la casa de su padre en Israel. Entonces habló David a los que estaban junto a él, diciendo: ¿Qué harán al hombre que venciere a este filisteo, y quitare el oprobio de Israel? Porque ¿quién es este filisteo incircunciso, para que provoque a los escuadrones del Dios viviente? Y el pueblo le respondió las mismas palabras, diciendo: Así se hará al hombre que le venciere».*

[TRES MANERAS DE CÓMO EL LÍDER DEBE PERCIBIR SU TAREA.]

1. La tarea del líder debe ser digna del riesgo.

En 1 Samuel 17:26: *«Entonces habló David a los que estaban junto a él, diciendo: ¿Qué harán al hombre que venciere a este filisteo, y quitare el oprobio de Israel? Porque ¿quién es este filisteo incircunciso, para que provoque a los escuadrones del Dios viviente?»*

Se puede ver claramente que David no percibe la tarea como suya, sino que la integridad de Dios estaba de por medio. Usted sabe la historia, ese filisteo venía y amenazaba al pueblo, y David molesto se enoja y dice: *«¿Quién es este que viene y atemoriza al pueblo de Dios?»* Él se enojó porque aquel hombre blasfemaba al pueblo de Dios. Cuando no hacemos el trabajo como debemos, uno no queda mal; recuerde que es la causa de Dios.

¿Por qué arriesgó David su vida por esta causa?

1) Estaba ungido.

Recuerde en 1 Samuel 16:13: *«y desde aquel día en adelante el Espíritu de Jehová vino sobre David».* Peleó contra Goliat porque sabía que la unción de Dios estaba sobre él. David dijo: «Yo vengo a ti en el nombre de Jehová». Cualquier tarea que tenga, tiene que estar convencido de que la unción de Dios está sobre usted, de otra manera no pasará nada.

2) Deseaba la recompensa.

Algunas personas quieren hacer todas las cosas muy espirituales e irrealistas. Pero David era humano; además no hay nada de malo en recibir una recompensa por el trabajo que se hace. Acaso en las cosas de Dios no nos estimula que el Señor nos recompense con salud, bendiciones, trabajo y con un negocio creciente. Hace muchos años, cuando iba a predicar y me daban una ofrenda, yo decía: «No, gracias»; hasta que un día alguien me dijo: «No me quites la bendición, tú fuiste de bendición, ahora acepta esto». Lo aprendí, a veces nos queremos hacer muy espirituales. Sin embargo, también me di cuenta que alguien tenía que ponerle gasolina a mi carro para ir a donde debía predicar.

3) Se vio a sí mismo como un soldado de Dios.

David sabía que Dios lo había llamado para defender su causa; lo levantó como un soldado valiente y fiel. Esa era la tarea que tenía que llevar a cabo, cumplir como soldado.

2. La tarea del líder es saber cómo tratar con la crítica.

El líder debe saber cómo tratar con la crítica así como David. Veamos 1 Samuel 17:28-30; 41-43: *«Y oyéndole hablar Eliab su hermano mayor con aquellos hombres, se encendió en ira contra David y dijo: ¿Para qué has descendido acá? ¿y a quién has dejado aquellas pocas ovejas en el desierto? Yo conozco tu soberbia y la malicia de tu corazón, que para ver la batalla has venido. David respondió: ¿Qué he hecho yo ahora? ¿No es esto mero hablar? Y apartándose de él hacia otros, preguntó de igual manera; y le dio el pueblo la misma respuesta de antes. Y el filisteo venía andando y acercándose a David, y su escudero delante de él. Y cuando el filisteo miró y vio a David, le tuvo en poco; porque era muchacho, y rubio, y de hermoso parecer. Y dijo el filisteo a David: ¿Soy yo perro, para que vengas a mí con palos? Y maldijo a David por sus dioses».*

Primero lo critican sus hermanos porque él era pastor y no soldado. Además, su padre lo había dejado pastoreando. Y luego lo critica Goliat porque era demasiado joven para él. Póngase en el lugar de David, primero criticado por sus hermanos y luego por Goliat.

¿Por qué la crítica de Eliab, que era el hermano mayor de David, fue más severa que la de Goliat?

1) **Porque la crítica de los amigos y familiares siempre es más severa.**

Muchas veces es más clara y la sentimos más cercana.

2) **Porque Eliab criticó sus motivos.**

Él dijo: «*¿Por qué has descendido acá, y a quién has dejado con aquellas pocas ovejas? Yo conozco tu soberbia y la malicia de tu corazón...*» David sintió celo por Dios, sintió una tristeza porque aquel hombre venía a amenazar al pueblo de Dios, y su hermano mal interpretó su actitud.

3) Porque Eliab había criticado a David antes.

La crítica ya era patrón para Eliab. Mire 1 Samuel 17:29: «*y ¿qué he hecho yo ahora?*» Eso nos indica que antes ya lo habían cuestionado por algo.

¿Cómo mantiene un líder su confianza al enfrentarse a la crítica?

1) Responde de acuerdo al carácter.

Tiene que responder de acuerdo a la persona que le está criticando. Si es alguien problemático, ignórelo, porque hay personas que critican como si les pagaran por comisión. Tome las cosas de quienes vienen.

2) Se enfoca en el desafío y no en la crítica.

3) Conoce sus propios motivos.

Si usted conoce sus motivos y son puros no le van a molestar.

3. La tarea del líder es saber dejar que los éxitos del pasado fortalezcan y guíen el futuro.

Observe 1 Samuel 17:31-37: «*Fueron oídas las palabras que David había dicho, y las refirieron delante de Saúl; y él lo hizo venir. Y dijo David a Saúl: No desmaye el corazón de ninguno a causa de él; tu siervo irá y peleará contra este filisteo. Dijo Saúl a David: No podrás tú ir contra aquel filisteo, para pelear con él; porque tú eres muchacho, y él un hombre de guerra desde su juventud. David respondió a Saúl: Tu siervo era pastor de las ovejas de su padre; y cuando venía un león, o un oso, y tomaba algún cordero de la manada, salía yo tras él, y lo hería, y lo libraba de su boca; y si se levantaba contra mí, yo le echaba mano de la quijada, y lo hería y lo mataba. Fuese león, fuese oso, tu siervo lo mataba; y este filisteo incircunciso será como uno de ellos, porque ha provocado al ejército del Dios viviente. Añadió David: Jehová, que me ha librado de las garras del león y de las garras del oso, él también me librará de la mano de este filisteo. Y dijo Saúl a David: Ve, y Jehová esté contigo».*

Cuando David vio sus éxitos pasados demostró dos cosas:

1) **Confianza en sí mismo.**
2) **Confianza en Dios.**

¿Qué sucede cuando tenemos confianza en nosotros mismos sin tenerla también en Dios? Hacemos lo que podemos hasta nuestro límite.

¿Qué sucede cuando tenemos confianza en Dios, sin tenerla en nosotros mismos? Dejamos que alguien más haga el trabajo, porque decimos: «Yo no puedo», y otro toma nuestro lugar.

Así como vimos a Dios obrando en nuestro pasado, lo veremos en el futuro. Si David no hubiera tenido confianza en sí mismo no se habría enfrentado a Goliat. El éxito del pasado —cuando mataba leones y lobos—, le ayudó a fortalecer su confianza y depender más de Dios también.

[**VI. EL ENFOQUE DE UN LÍDER EN EL PENSAMIENTO TRADICIONAL AFECTA A SU LIDERAZGO.**]

En 1 Samuel 17:38-39 dice: *«Y Saúl vistió a David con sus ropas, y puso sobre su cabeza un casco de bronce, y le armó de coraza. Y ciñó David su espada sobre sus vestidos, y probó a andar, porque nunca había hecho la prueba. Y dijo David a Saúl: Yo no puedo andar con esto, porque nunca lo practiqué. Y David echó de sí aquellas cosas».*

La historia nos dice que Saúl quiso ponerle su armadura a David, pero le quedó grande. Saúl quería seguir con la tradición y David lo único que usaba era su onda y sus sandalias; pero

Saúl le quería imponer la armadura. David ya había superado las limitaciones de la edad, su inexperiencia, la crítica y ahora tenía que enfrentarse y superar la tradición.

¿Qué errores son posibles cuando pensamos tradicionalmente?

1) Usar la armadura de otro.

Esto es muy posible. A David no se le llamó a ser Saúl. Se le llamó a ser David. Él no tenía que ponerse la armadura de Saúl para ser Saúl; él tenía que pelear con Goliat como David. Muchas veces queremos salir al campo del ministerio queriendo ser como alguien más. Usted debe ser usted mismo, porque Dios lo llamó y porque es único, y tiene ciertos atributos y habilidades que otros no tienen.

2) Permitirle a la tradición que nos quite fuerza.

Si David hubiera usado aquella armadura, le habría permitido a la tradición que le quitara su fuerza, ya que esta no estaba en la armadura ni en la espada, sino en su habilidad para usar su onda. David sabía usar su onda y no la espada. Si la hubiera dejado y agarrado la armadura y la espada, otra habría sido la historia.

¿Cuándo es bueno pensar tradicionalmente?

1) Cuando ayuda al propósito de la organización.

Si lo tradicional, los valores o el pasado le ayudan en su ministerio, úselo.

2) Cuando prepare a la gente efectivamente.

3) Cuando añada valor a la experiencia.

Si no añade valor no lo use.

¿Cuándo es malo pensar tradicionalmente?

1) Cuando llega a ser un fin en sí mismo.

Cuando decimos: Si no es «esto», no se hace nada, hay que tener cuidado. No se empecine en algo.

2) Cuando nos quita fuerza.

No debe quitarnos el enfoque que se quiere lograr.

3) Cuando ahoga la creatividad.

Si la creatividad no le deja ser práctico, algo anda mal.

Debemos reflexionar en la manera en que pensamos.

¿Qué motivó a los israelitas a dejar sus tiendas y perseguir a los filisteos?

Dos razones los llevaron a hacerlo:

1) David mató a Goliat.

Ya no había barreras, y eso fue lo que les ayudó a salir de sus tiendas y perseguir a los filisteos.

2). La huida de los filisteos.

Es más fácil entrar en una pelea ya iniciada, que cuando le enfrentan directamente.

A la luz de nuestra historia, ¿cómo debemos sentirnos respecto a... nosotros mismos, nuestro Dios, nuestros soldados y compañeros, nuestros líderes, nuestros enemigos y nuestra tarea difícil?

Tenemos que entender que la manera en que vemos las cosas hace que cambie completamente el cuadro en el cual vivimos. Observamos el cambio en el cuadro de Samuel, de Isaí, de Saúl, de Israel y de David. Cada uno tuvo diferente percepción de lo que eran las cosas. Tenemos que cuidar cómo lo hacemos.

Preguntas de aplicación y crecimiento

1. ¿Cuáles son las cinco áreas que nos ayudan a combatir las limitaciones del liderazgo?

   1)

   2)

   3)

   4)

   5)

2. ¿Cuáles son las evidencias basadas en la vida de David de la unción de Dios?

   1)

   2)

   3)

   4)

   5)

3. ¿Cómo fue que Saúl percibió a David?

   1)

   2)

   3)

   4)

   5)

   6)

   7)

   8)

   9)

   10)

4. ¿Cómo lo ve la gente que le rodea?

5. Preguntas sobre cómo son percibidos los líderes.

❖ ¿Cómo percibió Israel a David?

❖ ¿Cómo percibió Israel a Goliat?

❖ ¿Cómo percibió Saúl a David?

❖ ¿Cómo percibió Goliat a David?

❖ ¿Cómo percibió David a Goliat?

❖ ¿Cómo percibió David a Dios?

❖ ¿La reputación de quién sintió David que estaba de por medio?

Al contestar estas preguntas, podemos ver que esta victoria fue edificada completamente en la percepción.

EL LÍDER ENFOCADO EN SU VISIÓN

cinco

La manera en que el líder mira su futuro determina lo que va a ser.

Al estudiar la expresión «conforme al corazón de Dios» muchas veces interpretamos que David tenía un corazón para Dios, y eso es correcto. Sin embargo, la interpretación más clara es que cuando Israel pidió rey, se adelantó al tiempo de Dios, porque cuando escogieron a Saúl no fue conforme al corazón de Dios. Saúl fue elegido conforme al corazón del pueblo. Dios estaba preparando a un hombre conforme a su corazón, que fuese un íntegro, una persona que llevara al pueblo a otra dimensión. Al hablar de desarrollar líderes conforme al corazón de Dios, la pregunta es: ¿Seremos líderes conforme al corazón de Dios? ¿Está Dios conforme con nosotros? o ¿estamos como líderes porque quiero la posición o el puesto de este cuerpo de liderazgo?

Al hablar de visión la Palabra de Dios me dice que el pueblo sin visión perece y, ¿sabe algo?, toda visión no es gratis. Mientras escribamos la visión y la ponemos en tabla, la gente la va a leer y va a creer con ella, pero nosotros tenemos que proyectarla.

Me gusta una frase que dice Paul Harvey: «El mundo de un hombre ciego está ligado al límite de lo que puede tocar, el mundo de un hombre ignorante está ligado al límite de su conocimiento, el mundo de un gran hombre está ligado al límite de su visión». Esto es una gran realidad.

Así como es de importante su pasado, también lo es la manera en que ve su futuro; o sea, su pasado es importante pero más lo es la manera en que ve su futuro, porque el pasado ya es historia y queda atrás, pero lo que hará en su vida depende de cómo está viendo o mirando su futuro. Creo que podríamos hablar bien de nuestro pasado, experiencia, etc.

No estamos en este mundo para recordar el pasado sino para enfocarnos en el futuro, porque vamos hacia allá.

En la manera en que usted ve su futuro determinará lo que va a ser. Al preguntarle: ¿Qué es una visión exitosa?, le daré tres puntos para contestar esta pregunta.

1. Un cuadro.

Para cada gran visión tenemos un cuadro de lo que queremos llegar a ser, así como se necesita una foto del carro que quiere comprar o de la casa que quiere edificar, también se necesita un cuadro de la organización que quiere lograr. Al desear adquirir una casa o construirla la dibuja tal como la quiere. Antes de ver una casa realizada, el diseñador la ve en su imaginación y la plasma en papel. Lo que vemos es lo que estamos preparados para mirar. Es por eso que dos personas pueden estar juntas y uno puede ver la visión mientras que el otro no la ve. Se la tiene que ver antes de poder obtenerla.

Al leer un libro de los grandes presidentes de los Estados Unidos de América me llamó la atención lo que dijo el presidente Hubert H. Humphrey, cuando hizo su primera visita a Washington D.C., por cuestión de negocios. Se enamoró de esa ciudad y en 1935 telegrafió a su esposa y le dijo: «Rebeca, puedo ver que un día tú y yo, si nos aplicamos y nos decidimos a trabajar por cosas más grandes, vamos a vivir enWashington, trabajando en la política, el gobierno o sirviendo a la comunidad. ¡Oh, espero que mi sueño se haga realidad!, de todos modos voy a intentarlo». Diez años después llegó a ser presidente de los Estados Unidos. Su primer viaje a Washington le dio un cuadro. Y un cuadro vale más que mil palabras. Todos sabemos lo que es ser motivado por un cuadro o una foto.

2. Es personal.

Usted y yo debemos ponernos dentro del cuadro, porque no hay tal cosa como un gran sueño o visión si no nos incluimos. Es como dibujar un cuadro con una casa que le ponemos montañas, estrellas, carreteras, agua, pájaros, etc. Lo único que falta es dibujarnos nosotros mismos. Le daré dos puntos respecto a por qué debe ser personal:

1) Un visionario ve el cuadro y lo comparte para motivar a otros.

Si usted capta la visión de su organización, iglesia o trabajo, será un visionario, pero también lo verá y lo compartirá con los demás.

2) Una persona con visión ve el cuadro y lo usa para motivarse a sí mismo.

Creo que estas dos cosas deben influenciarnos a ser personas con visión, pero también motivados hacia donde Dios quiere llevarnos.

No sé si ha escuchado la historia de dos personas que trabajaban en la construcción poniendo ladrillos. Uno de ellos se quejaba, renegaba hasta blasfemando de su trabajo porque le dolía su espalda. Entonces alguien le preguntó: «¿Qué estás haciendo?» y él le contestpercibió: «Pues aquí, empalmando ladrillo sobre ladrillo hasta que mi espalda se dé por vencida». Era todo lo que veía. Luego se le preguntó al segundo que estaba poniendo ladrillos chiflando, firme, seguro y satisfecho, ¿Qué estás haciendo? Él expresó: «Estoy edificando una catedral». ¿Qué ve usted cuando pone ladrillos en su organización? ¿Se queja o está edificando una catedral? Depende de su perspectiva, porque si la visión no la hace personal usted nada más estará edificando, poniendo ladrillos, pero si la hace personal va a decir: «Uao, estamos haciendo una catedral».

3. Poderosa.

Una visión exitosa tiene la habilidad de contagiar con poder y entusiasmo a un grupo de personas. Ese entusiasmo produce energías que le dan aliento de vida al plan, y lo lleva a un éxito completo. Me gusta cómo lo dice la Biblia al día en Efesios 3:20: *«Y a Aquel que es poderoso para hacer todas las cosas mucho más abundantemente de lo que pedimos o entendemos, según el poder que actúa en nosotros».*

Ese poder también se hace a través de una visión; en nosotros, es la visión dada por Dios que genera ese poder para lograr cosas para su gloria.

A continuación quiero compartirles sobre el poder de una visión exitosa.

1) Una visión exitosa tiene poder creativo.

Cuando se tiene una gran visión eso estimula la creatividad. ¿Sabe usted lo que es invertir tiempo con alguien que tiene una visión? A mí me gusta andar con gente así porque son muy creativos. Si la visión es correcta, y es compartida con otros, esas personas van a contribuir con ideas para hacerla más grande, puesto que tienen energía y poder creativo. Siempre están pensando en cómo mejorar lo que tienen. No se conforman con lo que poseen, sino ven la manera de cómo incrementar lo que se tiene.

2) Una visión exitosa tiene poder de compromiso.

Si la visión es correcta, va a crear un compromiso en la gente. Puede haber mucho entusiasmo y poco compromiso, el primero no hace que las cosas sucedan, el compromiso sí.

Leí la historia de David Livingstone, misionero en África. Una sociedad de misioneros le escribió a David y le expresaron: «¿Has encontrado un mejor camino para llegar a donde estás?, porque nosotros tenemos otros hombres que quisieran ir contigo, para ayudarte». David responde lo siguiente: «Si usted tiene hombres que sólo van a venir porque hay un buen camino, no los necesito. Necesito hombres que vengan a pesar de que no haya un buen camino». A veces hay gente que sólo espera que se abra el camino para ayudar. Esa gente no funciona, se necesita gente que abra brecha, caminos. El compromiso implica empuje para abrir brechas. La visión produce compromiso.

3) Una visión exitosa tiene poder contagioso.

Toda gran visión tiene poder para contagiar a otros. Empieza por tener cierto ritmo, velocidad y luego otras personas se añaden hasta que llega un movimiento que no se puede parar. Es como la bola de nieve, de chica se hace grande.

Escribí hace tiempo lo siguiente, lo que quiero lograr en Centro Familiar Cristiano.

La historia nos dice que en cada época llega el tiempo cuando los líderes se tienen que levantar para suplir las necesidades de esa hora. Así que, no hay líderes sin potencial que no tengan la oportunidad de mejorar al ser humano. Aquellos que están alrededor de él tienen el mismo privilegio. Afortunadamente creo que Dios me ha rodeado de aquellos que aceptan el reto de esta hora.

Mi visión me permite que:

❖ Rinda en cualquier momento lo que soy para así recibir todo lo que puedo llegar a ser.

❖ Sienta lo invisible para que pueda hacer lo imposible.

❖ Confíe en los recursos de Dios puesto que la visión es más grande que todas mis habilidades y conocimientos.

❖ Continúe cuando estoy desanimado, porque donde no hay fe en el futuro, no hay poder para el presente.

❖ Atraiga a los ganadores, porque una visión grande atrae a personas grandes.

❖ Me vea a mí mismo, y a mi gente en el futuro; nuestra visión es una promesa de lo que un día vamos a ser.

Si tengo una visión, y es dada por Dios, es más grande que cualquiera de mis talentos, es más grande que el mundo. Pero empieza con uno solo, ¿se quiere unir conmigo?

4. Una visión exitosa tiene poder transformador.

Si la visión es correcta, la gente cambiará para verla realizada. La única manera que la gente está dispuesta a cambiar es si la visión es más grande que ellos.

La gente no cambia por una visión pequeña o por algo que no le cueste.

Hay tres ocasiones en que la gente cambia:

1) Cuando sufren demasiado y tienen que cambiar.

Si no cambia es porque le gusta ser masoquista o hijo de la mala vida.

2) Cuando aprenden demasiado y lo desean.

Porque aprenden y saben que hay algo mejor, en otro nivel.

3) Cuando reciben demasiado y pueden hacerlo.

Reciben información, ayuda, apoyo y sostén, y es cuando dicen: «Yo puedo hacerlo».

Una visión grande puede lograr estos tres cambios, por eso la visión cambia a la persona. Si no lo hace, quiere decir que no la ha abrazado ni entendido.

5. Una visión exitosa tiene un poder que continúa.

La visión permanece, es persistente, no se da por vencida. La energía y la perseverancia pueden conquistar cualquier cosa en la visión.

EL VALOR DE UNA VISIÓN EXITOSA

Primera de Crónicas 11:4-6 dice: «*Entonces se fue David con todo Israel a Jerusalén, la cual es Jebús; y los jebuseos habitaban en aquella tierra. Y los moradores de Jebús dijeron a David: No entrarás acá. Mas David tomó la fortaleza de Sión, que es la ciudad de David. Y David había dicho: El que primero derrote a los jebuseos será cabeza y jefe. Entonces Joab hijo de Sarvia subió el primero, y fue hecho jefe*».

Cuando David llegó a ser rey, Jerusalén no pertenecía a los hebreos, los jebuseos la tenían en su poder, pero en David siempre hubo el deseo de que Jerusalén fuera la capital. Esa era su visión, hacerla la capital de su pueblo. Ahora en 2 Samuel 5 podemos hacer estas observaciones maravillosas sobre lo que una visión puede causar en nosotros, porque David duró siete años como rey en Hebrón, pero sabía que su reinado se extendería en territorio y tenía que irse a una capital más fuerte, y es por eso que quería conquistar a Jerusalén.

Observaciones:

1) La visión une.

Cuando hay una visión que unifica al pueblo, trae unidad.

2 Samuel 5:1-3 dice: *«Vinieron todas las tribus de Israel a David en Hebrón y hablaron, diciendo: Henos aquí, hueso tuyo y carne tuya somos. Y aun antes de ahora, cuando Saúl reinaba sobre nosotros, eras tú quien sacabas a Israel a la guerra, y lo volvías a traer. Además Jehová te ha dicho: "Tú apacentarás a mi pueblo Israel, y tú serás príncipe sobre Israel." Vinieron, pues, todos los ancianos de Israel al rey en Hebrón, y el rey David hizo pacto con ellos en Hebrón delante de Jehová; y ungieron a David por rey sobre Israel».*

La nación que fue lastimada y fragmentada después de la muerte de Saúl, y las luchas civiles de los príncipes de Saúl, dejaron a la monarquía dividida, porque aunque David era rey de Hebrón no lo era de Israel. El reino estaba dividido, roto. Por eso se sintieron débiles y optaron por la unidad de la nación, al pedirle a David que fuese rey de ellos. David era un hombre de visión, ellos lo sabían, inclusive hablaban bien de él y cómo la gracia de Dios estaba con él. David era un visionario nuevo que podía darle un sentido de unidad a la nación, que tanto lo necesitaba. Así que distingo aquí que ellos vieron que la nación se había desunido, y se preguntaban: ¿Quién sería el próximo rey, o quién querría el reinado?, porque aun los hijos de Saúl estaban en pleito. Sin embargo, optaron por buscar la unidad para unificar a la nación. Vieron más que su propio interés, vieron a una nación que unificó a dos reinos. David llegó a ser rey de Israel en ese momento, y se unió el pueblo por causa de una visión. Así que aquí vemos que la visión siempre une.

2) La visión provee un centro para el liderazgo.

La visión debe estar contenida en algo; en otras palabras, se debe hacer que sea tangible de alguna manera, puede ser en un pueblo o en un edificio, en este caso era en Jerusalén.

Segunda de Samuel 5:4-5 dice: «*Era David de treinta años cuando comenzó a reinar, y reinó cuarenta años. En Hebrón reinó sobre Judá siete años y seis meses, y en Jerusalén reinó treinta y tres años sobre todo Israel y Judá*».

David empezó su reinado en el sur, en Hebrón, una ciudad muy distanciada del centro de la nación. La visión de David era gobernar a un Israel unificado con su trono en medio de la nación. Después de siete años de reinado en Hebrón, cambió su trono a Jerusalén para gobernar desde allí. ¿Por qué era importante conquistar a Jerusalén? ¿Qué función tiene una ciudad o edificio en el desarrollo de una visión? David sabía que su visión de un reino grande necesitaba un símbolo. El gran reino debía tener una gran ciudad como capital, para que la gente pudiera decir: «Esta es nuestra capital, este es nuestro lugar, aquí vive nuestro rey».

El problema comienza cuando el edificio llega a ser el objetivo; el edificio o la ciudad facilitan y contienen la visión. La ciudad no es la visión, sólo contiene la visión, el edificio o ciudad son el punto de reunión y celebración, para seguir completando la visión espiritual, ganar almas, edificar a la familia, estructurar a la familia, y salvar a la familia. Esa es la visión en el corazón de Dios, pero se necesitan esos puntos para celebrarlo.

3) La visión domina la conversación interna.

Segunda de Samuel 5:6-8 indica: «*Entonces marchó el rey con sus hombres a Jerusalén contra los jebuseos que moraban en aquella tierra; los cuales hablaron a David, diciendo: Tú no entrarás acá, pues aun los ciegos y los cojos te echarán [queriendo decir: David no puede entrar acá]. Pero David tomó la fortaleza de Sion, la cual es la ciudad de David. Y dijo David aquel día: Todo el que hiera a los jebuseos, suba por el canal y hiera a los cojos y ciegos aborrecidos del alma de David. Por esto se dijo: Ciego ni cojo no entrará en la casa*».

Al decir «aun el ciego y el cojo, pueden evitar que usted entre», eso quería decir que se sentían completamente seguros, pero David y sus soldados los derrotaron, y capturaron la ciudad de Sión, que luego se llamó la ciudad de David. Cuando el mensaje insultante de los defensores de la ciudad llegó al conocimiento de David, les dijo a sus soldados: «*Suban por el túnel y entren a la ciudad y destruyan a esos ciegos y a esos cojos*».

Al hablar de una conversación interna, me refiero a que cada vez que David pasaba, los jebuseos tenían cuidado de poner a los ciegos y a los cojos en la muralla para que gritaran: «*Tú no puedes entrar aquí, no puedes llegar hasta aquí*», el cojo y el ciego pueden defender esta ciudad. Todos nosotros nos recreamos en nuestra conversación interna, esa que está fuera de los limites de todos los demás excepto de uno mismo, y a través de nuestra vida esta conversación interna preside sobre nuestra visión, y nos empuja hacia nuestro destino.

David no les hizo caso a las voces de afuera, él sabía que podía lograr su objetivo. «Así como piensa el hombre, es él», dice la Biblia; o sea, a pesar que le gritaban «*el ciego y el cojo te van a derribar*», David decía en su corazón: «Yo voy a conquistar esa visión». Ahora, si David hubiera hecho caso a las visiones externas, no la habría conquistado. Los cojos y los ciegos lo habrían intimidado. Al contrario, les dijo: «Suban, y el primero que hiera a uno de ellos lo hago capitán». Estaba determinado. Y de esa conversación interna es que nos damos cuenta cuando Dios nos habla.

Tenemos que tener cuidado con esa conversación interna en cuanto a que sea de Dios y no de nuestra imaginación, y la diferencia entre ambos es que encaje bien con la Palabra.

Yo creo que si la visión es grande, usted no la puede guardar. Ella lo va a guardar a usted de que no se salga del carril, la visión tiene que ser compartida.

4) La visión inspira a la grandeza.

Segunda de Samuel 5:9-10 afirma: *«Y David moró en la fortaleza, y le puso por nombre la Ciudad de David; y edificó alrededor desde Milo hacia adentro. Y David iba adelantando y engrandeciéndose, y Jehová Dios de los ejércitos estaba con él».*

¿Sabía usted que la llegada de David a la ciudad de Jerusalén solamente fue un cumplimiento de muchos años de visión? La jornada desde Hebrón hasta Jerusalén no fue un accidente. Le costó planificación, empuje, hasta insultos de cojos y ciegos, pero lo logró.

¿Cómo es que llegamos de donde estamos hacia donde queremos estar?

1) Debe saber en dónde está.

Para llegar a donde queremos estar tenemos que saber dónde estamos. Una brújula no le sirve de nada si usted no sabe donde está.

2) Debe saber a dónde quiere ir.

¿A dónde quiere ir con su organización? Cuando la mayoría de las personas piensan o establecen metas o ponen visión, nueve de cada diez no pueden pasar el punto uno ni el dos, porque no saben dónde están ni a dónde van. Mucha gente pone metas pero nunca se mueven de ahí, porque no saben dónde están.

3) Debe saber los pasos necesarios a dar.

¿Cuáles son los pasos que dará para crecer y lograr la visión? David sabía que si quería poner la capital en Jerusalén tenía que conquistarla, y en su camino por lograrlo encontró oposición. Así que si queremos conquistar cierto lugar, ¿cuáles son los pasos que tenemos que seguir para llegar a la meta?

4) Hágase la pregunta del «precio».

Por ejemplo, usted va a comprar un carro. Después de mirar uno se pregunta: ¿Cuánto me va a costar? Esa es la primera pregunta que uno hace. No le interesa si la llanta está medio baja, pregunta primero por el precio. Así es con la visión, tiene un precio. Luego mira el costo y se pregunta: ¿Estoy dispuesto a pagarlo? Así es la visión con la organización, la iglesia o el ministerio.

5) Reúna a aquellos que están a su alrededor.

Si la visión es demasiado grande no puede ser contenida por sí mismo. Ni usted mismo puede hacerlo solo, se debe tener a otros alrededor de uno. Así que tenemos que encontrar con quién compartir la visión y preguntarle si está dispuesto a pagar el precio.

6) Empezar.

Ya cuando calcule dónde está, a dónde quiere ir, cuando se haga la pregunta del costo, y reclute la gente para que le ayude, entonces es hora de empezar, y de que no lo paren los ciegos ni los cojos.

Preguntas de aplicación y crecimiento

1. ¿Cuáles son las cinco características de una visión exitosa?

    1)

    2)

    3)

    4)

    5)

2. ¿Cuáles son los valores de una visión?

    1)

    2)

    3)

    4)

3. ¿Cómo se puede ir de donde está a donde quiere llegar?

Seis pasos:

    1)

    2)

    3)

    4)

    5)

    6)

4. ¿Cuál de esos seis pasos es o ha sido el más difícil de dar en su organización?

5. Escriba la visión de su organización.

EL LÍDER ENFOCADO EN LA TOMA DE DECISIONES

seis

Cuando un líder toma una decisión no sólo se afecta a sí mismo, afecta la vida de otras personas.

La toma de decisión de un líder tiene mucho impacto. Cualquier decisión que tome, sea buena o mala, positiva o negativa, afectará a los seguidores. Es muy importante la manera en que tomamos las decisiones. Si pensamos por un momento sobre la toma de decisión y el liderazgo, vamos a comprender que cuando un líder decide algo, es más crucial que cuando un seguidor lo hace. He descubierto que cuando el líder se va de una organización no se va solo, afecta a toda la organización, no así el seguidor, ya que este se va solo. Cuando un líder toma una decisión, no sólo se afecta a sí mismo, afecta la vida de otras personas, porque el liderazgo es influencia. Y si esto es así, tan pronto como se toma una decisión desde arriba se gotea hacia abajo y afecta a muchas personas.

Además, el desarrollo del potencial del líder afecta a los seguidores. Los líderes comprenden que no se pertenecen a sí mismos. No sólo nuestras decisiones afectarán a otras personas, nuestra disposición de alcanzar nuestro potencial también puede afectar a otros. Piense en esto, si un líder no alcanza su potencial, afecta el potencial de todos los que están bajo su influencia. Si usted decide no crecer y no hace nada por desarrollar su potencial, los que están debajo de usted lo harán de igual manera.

Años atrás descubrí el siguiente concepto que ahora comparto en Conferencias de Liderazgo. Para explicarlo utilizo este ejemplo de comparaciones numéricas: Si el nivel más alto de liderazgo es diez, y si su líder está en el número tres, este siempre estará sobre su organización, la organización nunca estará sobre su líder.

Ahora bien, si el líder tiene un dos y la organización tres, esta bajará a un uno, como lo dice el proverbio: «El agua siempre busca su nivel». Como es el anhelo de todo líder y que muchas veces expresan lo siguiente: Quiero que mi organización crezca, pero si el líder no crece no crecerá su organización. Volviendo a la ilustración de los puntos, si la organización va a crecer a un tres el líder debió de haber crecido a un cuatro. Recordemos el siguiente principio de liderazgo: «todo sube y baja sobre el liderazgo». La gente no va a crecer más allá de lo que usted es, porque usted es la persona responsable de ese grupo.

Pero también los líderes no deberán tomarse a sí mismos muy en serio. Hay muchos que lo hacen en exceso, ¿por qué? Porque el título los daña, y se creen lo máximo pero no llegan a nada. Aquellos que lo hacen no vivirán mucho, ya sea que mueren de estrés, de alta presión o de un paro cardiaco. Además, el líder que se toma muy en serio es arrogante. Él dice: «Yo soy el líder»,

«Yo soy el encargado». A esa clase de líderes les interesa más la imagen que tienen, que hacer lo correcto. Así que la mayoría de las decisiones que toman están basadas en la imagen que tienen, en lugar de hacer lo que es correcto delante de Dios. No debemos tomarnos a nosotros mismos muy en serio, pero debemos tomar la tarea de liderazgo en serio, por el pacto que se establece. Hay que saber separar el trabajo de lo que tenemos a nuestra disposición, y si debemos tomarnos en serio nosotros, porque somos humanos, la gente un día se va a reír con nosotros y otro día se va a reír de nosotros. Es mejor reírse con ellos siempre, porque en el momento que usted se toma demasiado en serio, ellos nunca se van a reír en frente de usted, lo harán a sus espaldas. Por eso es importante entender la diferencia.

David, como nuestro modelo (2 Samuel 6, 7), toma algunas decisiones que debemos considerar y aprender.

1. El que toma las mejores decisiones influye en las demás decisiones.

En otras palabras, los que son buenos para tomar decisiones van a influir en otras decisiones. La gente los va a buscar para que les ayude a tomar decisiones. Por ejemplo: cuando David decidió respecto al arca del pacto, el pueblo lo siguió (2 Samuel 6:2): *«Y se levantó David y partió de Baala de Judá con todo el pueblo que tenía consigo, para hacer pasar de allí el arca de Dios, sobre la cual era invocado el nombre de Jehová de los ejércitos, que mora entre los querubines».*

David toma una decisión, pero no va solo, al hacer lo correcto pudo influir para que otras personas lo acompañaran. Hay que entender que el liderazgo es influencia; en otras palabras, es la habilidad de influenciar a las personas para que hagan el trabajo que no quieren hacer y lo realicen con gusto.

Leyendo un artículo de cierta organización, no me agradó que diferenciaban entre el líder y siervo, y me di cuenta que no entendían el concepto de liderazgo, porque el liderazgo es ser siervo. Si usted es líder es siervo, ¿podemos ver esto en la Biblia? ¿Quién fue el mayor líder en la tierra? Por supuesto que Cristo Jesús y ¿qué hizo Él? Sirvió y dijo: «*Yo no vine a ser servido, sino a servir*». Eso fue lo que afirmó el máximo líder de la tierra. El liderazgo es ser siervo, y una de las maneras de obtener influencia como líder es sirviendo.

Ahora bien, quiero decirle que el liderazgo no se basa en posición, no es que diga: «Yo tengo una posición, por eso soy líder». No, la posición no hace al líder; al contrario el líder hace la posición. Inclusive la influencia no es necesariamente algo de posición. Si le tiene que estar recordando a su gente que es el líder, entonces no lo es. Su liderazgo está más basado en la posición que en su función.

David tenía esa influencia antes de ser rey. Recuerda cuando Saúl y él entraban a Jerusalén y la gente empezó a cantar «Saúl mató a miles y David a sus diez miles». Aunque Saúl era el rey, claramente vemos que el que tenía influencia era David. No era el que poseía la posición, sino el que tenía la influencia.

Este proverbio sobre el liderazgo, en lo personal, me gusta mucho y dice así: «Aquel que piensa que está dirigiendo y no tiene a nadie que lo siga, sólo salió a caminar». Si usted piensa que es líder porque tiene una posición o título, y no tiene a nadie que lo quiere seguir, entonces lo único que hace es salir a caminar al parque. El líder tiene personas siguiéndolo.

2. *Los que toman las mejores decisiones siempre desean hacer lo correcto.*

Estas personas son líderes que están conscientes de no depender de su propia habilidad, por eso de alguna manera procuran buscar de Dios. Por ejemplo, el presidente de los Estados Unidos, George W. Bush, es un ejemplo claro de la búsqueda constante de Dios en la toma de sus decisiones. Los líderes saben que las decisiones que toman son importantes, y quieren que Dios se involucre en ellas porque comprenden el valor de la ayuda divina en la toma de decisiones.

En 2 Samuel 6:3-5 vemos que: *«Pusieron el arca de Dios sobre un carro nuevo, y la llevaron de la casa de Abinadab, que estaba en el collado; y Uza y Ahío, hijos de Abinadab, guiaban el carro nuevo. Y cuando lo llevaban de la casa de Abinadab, que estaba en el collado, con el arca de Dios, Ahío iba delante del arca. Y David y toda la casa de Israel danzaban delante de Jehová con toda clase de instrumentos de madera de haya; con arpas, salterios, panderos, flautas y címbalos».*

David sabía que el arca necesitaba estar en la capital. Si Dios va a ser el centro de cada decisión, necesitamos comprender cuán importante era el arca del pacto.

El arca representaba estabilidad para los israelitas. En la jornada de los hijos de Israel por el desierto, el arca del pacto era colocada en el tabernáculo, y constituía el centro del altar de la experiencia de Éxodo. Las tiendas, las cabañas y todos las cosas movibles de Israel rodeaban el arca; además, Dios la cubría en los tiempos de incertidumbre.

En este pasaje podemos ver que Israel tenía una capital nueva, Jerusalén, que significa «ciudad de paz». Pero David comprendió que podría llegar a ser una ciudad de confusión, si Dios no dirigía a la nación desde el corazón de la ciudad. Puesto que el arca del pacto simbolizaba la presencia de Dios en la tierra, necesitaba estar dentro de las murallas de Jerusalén. Entonces cada decisión podía ser hecha con la seguridad de que Dios no era un adorno.

David entendió que si iba a regir a esa nación necesitaba a Dios con él, lo cual es una gran lección. Porque en las organizaciones, empresas y en las iglesias o en cualquier cosa que estemos haciendo, debemos tener el arca en el corazón, ya que de allí parte el control. Si Dios no está en medio de su familia, de su organización, empresa, negocio o iglesia, entonces simplemente tiene a un Dios de adorno, uno que solamente busca cada domingo. Dios no debe ser un Dios de adorno sino uno que está en el centro de donde se toman las decisiones. Dios vendrá a nuestra ayuda en la toma de decisiones si se lo pedimos.

Santiago 1:5 dice: «*Si alguno de vosotros tiene falta de sabiduría, pídala a Dios, el cual da a todos abundantemente y sin reproche, y le será dada*».

¿Cómo debemos tomar una decisión cuando Dios parece estar muy lejos?

Acaso ¿no se ha topado con que debe tomar una decisión y no encuentra ayuda de Dios? Le ofrezco cuatro puntos para enfrentar esa situación:

1) Cuente con personas clave.

En otras palabras, pida consejo a otros. También tiene que ver que hay personas mejores que otras. Debe estar atento a eso, porque a veces vamos a las personas equivocadas que nos dicen lo que queremos escuchar. Hay que hablar con las que tienen integridad delante de Dios. No hay que buscar una salida fácil, si no ver quién hace caso a Dios para así ir y escuchar su consejo.

2) Tome el «camino más elevado».

Como líder siempre debe tomar el camino más elevado. Haga lo mejor para los demás, porque muchas veces tomamos decisiones pensando en nosotros mismos y no en los otros. Esa es la regla de oro: «Trata como quieres ser tratado» y cuando tome una decisión no lo haga pensando en su propio interés, sino en el interés de los demás. ¿Cómo estoy? ¿A quién voy a beneficiar? ¿A mí mismo o a otros?

3) Esté dispuesto a cambiar la decisión.

Si se toma una decisión aparentemente buena y tres meses después siente que fue equivocada, deje el ego a un lado, pida perdón y cámbiela si es posible. No tema cambiar su decisión si la tomó mal. Recuerde que de los arrepentidos se vale Dios.

4) Si es posible, espere.

Si tiene que tomar una decisión, pero le es posible esperar, no la tome. Espérese hasta que sienta paz. Es importante entender que a veces tenemos que esperar hasta sentir paz en nuestro corazón para poder tomar una decisión. Cuando Dios parezca estar muy lejos, deberá posponer una decisión importantísima lo más que pueda.

Las decisiones muy importantes son a menudo un asunto de tiempo como de eventos.

Una decisión errada en el momento equivocado equivale a desastre.

Una decisión equivocada en el momento correcto es un error.

Una decisión correcta en el tiempo equivocado es inaceptable.

Una decisión correcta en el tiempo correcto equivale a éxito.

Cuando *se sienta lejos de Dios búsquelo*. Santiago 4:8 dice: «*Acercaos a Dios, y él se acercará a vosotros. Pecadores, limpiad las manos; y vosotros los de doble ánimo, purificad vuestros corazones*». La gente de doble ánimo no sabe tomar decisiones.

¿Qué nos enseña este pensamiento de Santiago en cuanto a acercarnos a Dios cuando necesitamos dirección?

1) Es una decisión.

En otras palabras, el escritor no nos habría dicho que lo hiciéramos, si no hubiese sido una decisión. Así que acercarme a Dios es una decisión personal que tengo que hacer yo mismo, nadie la puede tomar por mí o por usted.

2) Tengo que tomar la iniciativa.

Como quien dice, la pelota está en mi cancha, yo soy quien tiene que tomar la iniciativa si lo voy a regresar al Señor o no. Santiago amonesta: *«acercaos a Dios y él se acercará a vosotros»*.

3. Los que toman las mejores decisiones respetan el poder de Dios.

No solo quieren estar cerca del poder de Dios, sino que también lo respetan. «Las decisiones logran una ética correcta cuando comprendemos el gran poder de Dios». Observemos en 2 Samuel 6:6-7 que Uza fue destruido no porque era malo, sino porque tocó el arca. Esta fue diseñada con anillos y varas para que la cargaran de manera que ningún hombre la tocara.

Cuando se construyó el arca, se previó que no fuera cargada por carros, sino que lo hicieran los hombres, y dice el versículo 6 que aunque los bueyes tropezaron, no peligró el arca. Uza simplemente quiso proteger el arca, y la tocó por accidente, pero Dios se enfureció.

Usted pensará qué malo es Dios. Bueno, que Dios sea bueno, misericordioso, justo y todo lo establecido, no quiere decir que tenga que arrepentirse cuando da ciertas instrucciones. Quiero decirle que muchas veces pasa lo mismo con nosotros por no consultar a Dios a tiempo, por tomar su poder a la ligera. Pensamos que Él es justo y que no nos va a pasar nada. Recuerde que todo trae consecuencia cuando no se hace basado en la Palabra de Dios. Aquí estaban haciendo algo que no estaba basado en las instrucciones de Dios y hubo consecuencias, no porque fue un humano o porque estaba sirviendo o porque no quiso servir, sino porque al servir no lo hizo correctamente.

¿Cuántas veces nos vemos sirviendo incorrectamente? Si vamos a servir mal, a nuestra manera, mejor no sirvamos.

Cuatro cosas que temer cuando se toma una decisión a la luz del poder de Dios

1) Tomar decisiones sin buscar a Dios.
2) Tomar decisiones consciente de que se desobedece a Dios.
3) Tomar decisiones con motivos equivocados.
4) Tomar decisiones y no darle la gloria a Dios.

¿Cuáles pasos debemos dar para asegurarnos de que hemos buscado a Dios en cuanto a su dirección?

1) Buscar la Palabra de Dios. Si contradice la Palabra, no decida.
2) Orar.
3) Hablar con su cónyuge.
4) Sentir paz.

4. Las mejores decisiones crean un ambiente de celebración.

Veamos lo que dice 2 Samuel 6:12-15: «*Fue dado aviso al rey David, diciendo: Jehová ha bendecido la casa de Obed-edom y todo lo que tiene, a causa del arca de Dios. Entonces David fue, y llevó con alegría el arca de Dios de casa de Obed-edom a la ciudad de David. Y cuando los que llevaban el arca de Dios habían andado seis pasos, él sacrificó un buey y un carnero engordado. Y David danzaba con toda su fuerza delante de Jehová; y estaba David vestido con un efod de lino. Así David y toda la casa de Israel conducían el arca de Jehová con júbilo y sonido de trompeta*».

Recuerde cuando Uza tocó el arca y Dios se enojó. ¿Qué más pasó? Le quitó la vida. Después a Dios se le pasó la ira y empezó a bendecir la casa, y cuando David escuchó eso, dio fruto pensando que era el tiempo de traer el arca. Así que lo hicieron con alegría y gozo, porque el arca se estaba acercando al centro, al lugar donde Dios estaba estableciendo su reino en Jerusalén.

«Cuando bendecimos a Dios por sus misericordias, las prolongamos, y cuando lo bendecimos por las miserias, las cortamos. La alabanza es la miel de la vida, de un corazón devoto que anhela la providencia y la gracia que florece. Permanecer sin alabar es como estar muerto». Esto lo dijo Charles H. Spurgeon.

La celebración

1) Celebrar es deber de todo líder siervo.

El líder debe saber cuándo y por qué celebrar. La celebración ocurre cuando se logra una conquista o ciertos objetivos. En nuestro caso, David había tomado la decisión de trasladar el arca («la presencia de Dios») al corazón de la ciudad. En el traslado tuvieron algunos contratiempos que lograron superar. David le da ahora al pueblo un motivo para celebrar, puesto que había logrado su objetivo final.

2) La celebración reconoce a Dios.

Celebrar no se hace porque sí, sino que va dirigido a algo o a alguien. En nuestro caso, David celebraba porque reconoció la conquista que Dios le había permitido.

3) La celebración es un arma poderosa.

La celebración contrarresta el desánimo y hace que las personas se olviden del fracaso que tuvieron al tratar de llegar a la meta, a la vez que les da nuevas fuerzas para enfrentarse a las decisiones del mañana.

5. Los mejores líderes ponen la agenda de Dios por encima de la suya.

Veamos lo que apunta 2 Samuel 7:1-3: *«Aconteció que cuando ya el rey habitaba en su casa, después que Jehová le había dado reposo de todos sus enemigos en derredor, dijo el rey al profeta*

Natán: Mira ahora, yo habito en casa de cedro, y el arca de Dios está entre cortinas. Y Natán dijo al rey: Anda, y haz todo lo que está en tu corazón, porque Jehová está contigo».

Si Cristo ocupa el centro de nuestra vida, las demás cosas se cuidarán a sí mismas. Es una señal de madurez espiritual considerar en qué manera nuestra decisión será mejor para Dios, antes que contemplemos los beneficios que nos pueden dar. David se sintió mal porque tenía una casa permanente mientras el arca no.

¿Cómo desarrollar un corazón por Dios para así pensar en la agenda de Dios antes que en la propia?

1) Medite en Dios continuamente.

Si quiere desarrollar un corazón por Dios para poner la agenda de Él antes que la suya, medite continuamente en Dios. Creo que la meditación nos ayuda en verdad a tener un corazón para Dios, por eso David dijo: «Día y noche meditaré en Él».

2) Reconozca que es Dios quien lo ha levantado como líder.

David sabía esto, que era un pastor que cuidaba las ovejas de su padre, y ahí en ese lugar fue cuando Dios lo señaló, y le dijo: «Vas a ser el próximo líder». Creo que David nunca lo olvidó. Siempre recordó de dónde lo sacó Dios, de un simple pastorcillo a vivir en una mansión.

¿De dónde le ha sacado Dios? Recuerde que todo lo que usted es y a dónde lo ha llevado, es porque Dios le ha levantado. Él es quien le ha puesto en el lugar donde está ahora.

3) Observe lo que los motivos equivocados han causado en otros.

En otras palabras, vea el resultado en otros. David era perseguido en su propia nación por el rey Saúl, porque este tenía envidia, celos, coraje e ira. Así que David pudo ver lo que le sucede a una persona cuando tiene motivos equivocados. Él pudo entenderlo y evitar ser celoso con alguien que Dios esté levantando. Eso es muy importante entenderlo.

6. Los que toman las mejores decisiones escuchan a otros.

Los mejores al momento de tomar decisiones tienen personas alrededor que les confían y escuchan. Ellos no sólo toman decisiones por su propia cuenta, sino que se rodean de gente que ama a Dios y los ama a ellos para que pueden lograrlo.

Recuerde lo que David le dijo a Natán: «Yo estoy aquí en una casa y el arca entre cortinas» y lo que Natán le respondió: «Ve y el Señor estará contigo.» Pero sabía usted que Natán falló también porque no consultó con Dios. Esa misma noche, dice el versículo 4, que el Señor se le presentó y le dijo: «Ve y di a mi siervo David: Así ha dicho Jehová: ¿Tú me has de edificar casa en que yo more? Ciertamente no he habitado en casas desde el día en que saqué a los hijos de Israel de Egipto hasta hoy, sino que he andado en tienda y en tabernáculo. Y en todo cuanto he andado con todos los hijos de Israel, ¿he hablado yo palabra a alguna de las tribus de Israel, a quien haya mandado apacentar a mi pueblo de Israel, diciendo: ¿Por qué no me habéis edificado casa de cedro? Y cuando tus días sean cumplidos, y duermas con tus padres, yo levantaré después de ti a uno de tu linaje, el cual procederá de tus entrañas, y afirmaré su reino. El edificará casa a mi nombre, y yo afirmaré para siempre el trono de su reino» (vv. 4-7, 12).

De modo que Natán en todos estos versículos le está respondiendo que él no era la persona que levantaría casa para Dios. Lo que Dios le dice a Natán es simplemente que David no iba a edificar la casa porque era hombre de guerra y su trabajo era limpiar el país, o la tierra de los enemigos, para que cuando viniera Salomón, con un corazón de paz, este le edificara la casa (2 Samuel 7:4-11).

Ahora quiero que note algo: el corazón de David era puro y sincero. Él quería edificar la casa sin pedirle consejo a Dios, y no era el tiempo de Dios. El corazón de Natán también fue puro porque le dijo: «Ve y Dios estará contigo», pero Dios tenía otro plan.

Creo que el primer paso para tomar una buena decisión es obtener información de la que se pueda depender a tiempo para considerarla bien. Cuando uno tiene esa aportación de alta calidad, las decisiones se toman en forma práctica.

Leyendo una revista de negocios encontré un artículo del enfoque de los jefes ejecutivos en la toma de decisiones:

- ❖ El 5% comparte sus planes, escucha las reacciones y luego decide.
- ❖ El 32% escucha las recomendaciones y luego decide.
- ❖ El 20% desarrolla un consenso con el que puede estar en desacuerdo.
- ❖ El 3% se va con el consenso, aunque esté en desacuerdo.
- ❖ El 2% apoya la decisión de la persona más competente.
- ❖ El 13% aprueba o veta sin importar que haya un foro o participación.
- ❖ El 20% hace una combinación de todo lo anterior.
- ❖ El 5% da otras opiniones.

Note que el porcentaje más alto es 32 y 20%, que decían que iban a escuchar las recomendaciones y luego decidían. Hay una gran diferencia entre recomendar y aconsejar. El que recomienda la mayoría de las veces quiere que se haga lo que sugiere.

El líder dice: «Ustedes piensan que pueden estar en lo correcto, pero no siento paz con lo que dicen, y voy a hacer lo que Dios me dice». ¿Sabe por qué pasa eso? Porque si se fija en el gobierno de la Biblia, verá que nunca fue un gobierno democrático, era teocrático. Dios hablaba al líder, este pedía consejo, se confirmaba y seguía adelante. Muchas veces los consejos que le daban no era lo que Dios decía, y el líder y el rey peligraban cuando hacían caso al consejo. Cuando se da un consejo malo, significa que las personas que aconsejaron no estaban conectadas con Dios.

Muchas veces, como líderes, debemos aceptar consejos, pero basar la decisión en el beneficio de toda la organización, empresa o iglesia, no en el propio, no en lo que está sucediendo.

La decisión de traer el arca tuvo consecuencias: Uza murió. Fue este quien pagó el precio, y lo pagó por negligencia, aunque fue beneficiada toda Jerusalén. Las decisiones que tomemos deben beneficiar a todas las personas.

Volviendo al deseo de David de edificar la casa de Dios planteo lo siguiente:

1) David se le «adelantó» a Dios en esta área.

Él quería edificar la casa, pero ¿por qué? Porque estaba entusiasmado y gozoso. Recuerde que venía danzando, hasta su esposa lo criticó. Después que el gozo pasó, David tomó decisiones incorrectas. Muchas veces nos adelantamos a Dios como resultado de la emoción y el gozo que tenemos. ¿No le pasa a usted que cuando corre a setenta millas por hora en una autopista hasta los ángeles del cielo se bajan de su auto por miedo a un accidente? Eso es lo que sucede cuando nos adelantamos a Dios.

2) ¿Cuál es la diferencia entre escuchar a otros y ser guiados por otros?

Como líder usted debe tener sus convicciones fuertes, aunque esté seguro de una decisión, debería escuchar y aceptar consejo, pero manteniéndose enfocado, porque puede ser que el consejo lo acerque más a su enfoque, quiere decir que esto va con usted.

3) ¿Cómo responde el ego cuando Dios cambia nuestros planes?
David actuó bien en cuanto a la decisión de no construir el templo: Pues si Dios no quiere, que me deje preparar todo.

7. Los mejores líderes afectan positivamente a las generaciones futuras.

Veamos lo que afirma 2 Samuel 7:12-13: «*Y cuando tus días sean cumplidos, y duermas con tus padres, yo levantaré después de ti a uno de tu linaje, el cual procederá de tus entrañas, y afirmaré su reino. El edificará casa a mi nombre, y yo afirmaré para siempre el trono de su reino*».

Las decisiones presentes determinan las condiciones futuras. David preparó el camino para Salomón, aceptó que no edificaría la casa, pero quiso preparar todos los elementos para la próxima generación. En mi experiencia, al trabajar con líderes de iglesias, he encontrado que no se quieren responsabilizar por la toma de decisiones. A pesar de que el líder tiene una visión y está entusiasmado con ella, encuentro que la mayoría de las veces no prosiguen hasta lograrla, puesto que se ven amenazados por la gente que tienen a su alrededor y que no les permiten dejar un legado para las generaciones futuras.

Este capítulo habla de que David trató con sus enemigos para que hubiese paz, y empezó a recolectar material (hicieron campaña de mayordomía), y si no me cree vaya a 2 de Crónicas 29, donde habla de la campaña de mayordomía y protemplos. David fue el primero que se comprometió, empezó a limpiar la tierra. Luego llegó Salomón y edificó el templo. Salomón tuvo que abrazar la visión y el corazón que su padre tenía.

CÓMO TRANSFERIR UNA VISIÓN

1) Haga su parte.

No se preocupe por lo que no puede hacer, póngale intención a lo que puede hacer, y haga su parte para levantar la visión.

2) Entréguele su vida a la próxima generación.

Prepare el camino, sacrifíquese por aquellos que le están siguiendo.

3) Confíe que Dios terminará la obra que ha empezado.

Lo que decidamos en el cruce de la vida, no sólo revelará lo que somos sino que determinará lo que le va a suceder con la próxima generación.

Para concluir este capítulo quiero dejarles este pensamiento sobre el precio de la toma de decisiones. Dios tiene una perspectiva totalmente diferente sobre las cosas de valor en nuestra vida. Usted y yo tenemos que obtener la sabiduría de parte de Dios para poder tomar las decisiones correctas.

[DIOS CONTÓ CRUCES]

Yo contaba monedas, mientras Dios contaba cruces. Yo contaba ganancias, mientras Él contaba pérdidas. Yo contaba el valor de las riquezas obtenidas, pero Él me medía por las cicatrices que llevaba impresas en mi corazón. Yo codiciaba honores y buscaba reconocimiento, pero Él lloraba mientras contaba las horas que yo pasaba de rodillas. Yo nunca entendí, sino hasta un día en la tumba fría... Cuán vanas son las cosas por las nos desgastamos por salvar en la vida...

Preguntas de aplicación y crecimiento

1. Al tomar decisiones, ¿cómo ha sido afectada su vida?

2. ¿Cómo ha afectado a los que están alrededor?

3. ¿Qué papel ocupa Dios en la toma de decisiones? Explique.

4. ¿Cuáles pasos debemos dar para asegurarnos de que hemos buscado a Dios, respecto a su dirección?
   1)
   2)
   3)
   4)

5. Repase y estudie los siete principios sobre la toma de decisiones.

EL LÍDER ENFOCADO EN LA EDIFICACIÓN DEL EQUIPO

siete

Estar juntos es el principio, mantenerse juntos es progresar, y trabajar juntos es el éxito.

Cada uno de nosotros debemos vernos como miembros de la organización que representamos, en la que trabajamos para sumar fuerzas y lograr cosas. Lo que cada persona realiza, aunque sea mínimo, va a afectar a la organización.

«Estar juntos es el principio, mantenerse juntos es progresar, y trabajar juntos es el éxito». Para crear algo unidos, primero hay que juntarnos, mantenernos juntos es el progreso, esto es que haya coherencia, y trabajar juntos es el éxito. Milton Friedman dijo: «No hay ninguna persona en el mundo que pueda hacer un lápiz. La madera puede haber venido de los bosques del estado de Washington, el grafito —que es carbón natural— pudo haber venido de las minas de Sudmérica, el borrador de una planta de plástico en Malasia. Miles de personas cooperaron para hacer un lápiz». Analizando esta frase nos damos cuenta que mucha gente se involucró para lograr hacer un lápiz.

DAVID REUNIÓ SU EQUIPO DE LA SIGUIENTE MANERA:

1. Un equipo ganador empieza con un plan.

Observemos lo que afirma 2 Samuel 8:1-3: «*Después de esto, aconteció que David derrotó a los filisteos y los sometió, y tomó David a Meteg-ama de mano de los filisteos. Derrotó también a los de Moab, y los midió con cordel, haciéndolos tender por tierra; y midió dos cordeles para hacerlos morir, y un cordel entero para preservarles la vida; y fueron los moabitas siervos de David, y pagaron tributo. Asimismo derrotó David a Hadad-ezer hijo de Rehob, rey de Soba, al ir éste a recuperar su territorio al río Eufrates*».

Podemos ver que David atacó a los enemigos que había derrotado antes. Él había luchado y peleado con ellos, aun antes de ser rey. Así que va primero a los que ya había derrotado anteriormente. Cuando se convirtió en rey a los primeros enemigos que atacó fue a aquellos a quienes había derrotado. David sabía que no debía atacar a los enemigos más fuertes, porque era un mala estrategia.

Primero fue detrás de los filisteos, y por la historia de Goliat sabemos que los derrotó cuando no era rey. David desarrolló un plan para hacer fuerte a su nación, y así tenemos que pensar como líderes. ¿Cuáles son nuestros enemigos más cercanos y más débiles? Porque si los dejamos vivir cerca de nosotros, algún día se enseñorearán de nosotros. No hablo de personas sino de cosas o situaciones que le impiden cumplir el plan de Dios en su vida. Lo primero que se tiene que hacer es un plan para contrarrestar todo lo demás.

Si queremos un equipo ganador debemos tener un plan. David era conocido como un líder militante con un plan estratégico para hacer de Israel una nación fuerte.

Planear es predeterminar los resultados. Un plan escrito ya es la mitad del logro. ¿Por qué a veces no hacemos nuestro equipo más fuerte? Porque no planificamos. Atacamos a la deriva, a ver quién cae, a quien le caen las piedras y los flechazos, pero no se trata de eso, tiene que haber un blanco.

Muchas veces no ganamos las batallas como equipo porque no hay una planificación, o no empezamos bien. Cada equipo debe tener su propio plan.

Principios sobre planificación:

1) Las decisiones de hoy determinan las acciones del mañana.

Lo que uno decide hacer hoy con su equipo va a determinar las acciones del mañana, ¿qué camino va a tomar, qué actividades va a realizar?

2) Cuanto más amplia sea la proyección, más grande será la variación.

Cuanto más amplio proyecte hacia el futuro, puesto que hay mucho tiempo entre ahora y ese momento, más variación va a tener. Yo puedo planear muy bien para la próxima semana, o para el próximo mes, pero me es más difícil hacerlo para los próximos tres o cuatro años. Porque cuando planifico o hago un proyecto de aquí a cuatro años puede haber una variación increíble, y puede haber cambios dependiendo de las circunstancias. Pero si planifico mi semana y mi mes, me iré acercando a mi meta.

David no atacó a los ejércitos lejanos, empezó con los de cerca, y aunque usted planee llegar lejos no se enfoque en eso, sino en lo que tiene cerca que le evita avanzar o llegar a donde quiere. Es importante planear a largo, mediano y corto plazo.

3) Entre más grande sean los cambios, mayor será la resistencia.

Para ayudarnos a contrarrestar la resistencia que siempre llega con los cambios grandes, le presento un acróstico valioso para la planificación:

[«PLANEE PRIMERO»]

P Predetermine su curso. Esto le indicará el camino a tomar.

L Lance sus metas. Porque en todo plan tiene que haber una meta. No solo tiene que predeterminar su curso de acción, sino que tiene que ajustar sus prioridades, y lanzar sus metas.

A Ajuste sus prioridades. El ajuste de prioridades nos indica que tenemos que hacer cambios en nuestro calendario.

N Notifique a sus líderes clave. Esto nos indica que tenemos que comunicar a nuestros líderes los planes de la organización.

E Entréguese usted primero al plan. Si como líder no lo está, y no hace lo que debe, no llegará a ningún lado.

E Encamínese a la acción. Tiene que encaminarse y no sólo entregarse, sino que debe accionar.

P Permita el tiempo suficiente para la aceptación. Cuando usted notifica a sus líderes, mucha gente tiene que digerir el plan para entender un poco. Permita el tiempo para que la gente lo acepte.

R Renuncie a los desvíos. Hay cosas que lo tratarán de desviar de su curso.

I Informe sobre el progreso a través de la comunicación. Siempre lo he dicho: La gente informada se mantiene entusiamada. Hasta a un invidente le gusta saber por dónde va.

M Motive a su equipo. Use maneras creativas para seguir motivando a su equipo.

E Espere la resistencia. Aunque sea la voluntad de Dios, no todos estarán de acuerdo ya que no todos querrán pagar el precio.

R Revise su progreso diariamente. No diga: «Este es el plan de aquí al otro año, y cuando lleguemos les avisamos». Cada día revise su progreso, a ver cuánto logro.

O Ofrezca ánimo al apuntar a los éxitos. Muchas veces cuando se quiere llegar de un lado a otro, la jornada puede ser muy agotadora. Aunque tenga ciertos éxitos la gente se frustra o se cansa, entonces usted tiene que motivarla de nuevo.

2. Un equipo ganador desarrolla su estructura.

Veamos lo que dice 2 Samuel 8:6, 14: «*Puso luego David guarnición en Siria de Damasco, y los sirios fueron hechos siervos de David, sujetos a tributo. Y Jehová dio la victoria a David por dondequiera que fue. Y puso guarnición en Edom; por todo Edom puso guarnición, y todos los edomitas fueron siervos de David. Y Jehová dio la victoria a David por dondequiera que fue».* Notemos la estrategia y estructura de David:

1) Un obstáculo a la vez.

David iba por un enemigo a la vez. Si usted quiere lograr su meta y propósito, debe derrotar una cosa a la vez.

2) El obstáculo más débil primero.

David pensó que el enemigo más débil debía ser el primero en derrotar.

3) Recibió un voto de lealtad.

Había gente que estaba con él. David tenía un equipo que le era fiel y leal.

4) Estableció al ejército en sus puestos.

Puso puntos de control en la ciudad.

5) Conquistó a los que tenía más cerca.

Actuó por prioridades.

3. Un equipo ganador pone primero los intereses de los demás.

2 Samuel 8:15 dice: *«Y reinó David sobre todo Israel; y David administraba justicia y equidad a todo su pueblo».*

Aquí podemos ver que David tenía su corazón en la gente primero. Porque en el versículo 13 nos habla que se había creado un nombre para sí. Él era muy reconocido, podía hacer cualquier cosa que deseara, pero no lo hizo, en su lugar puso primero al pueblo. Uno como líder tiene que pensar no más en el bienestar de la organización, empresa o iglesia, de nuestros hijos. Muchas veces las decisiones que uno toma no llegan a ser aceptadas por todos, porque a algunos les incomoda. Por eso uno tiene que pensar en el bien de la organización.

Pablo afirma en Filipenses 2:3-4, según la versión de la Biblia al Día: «*No hagan nada por rivalidad ni por vanagloria. Sean humildes; tengan siempre a los demás por mejores que ustedes. Cada uno interésese no sólo en lo suyo sino también en lo de los demás*».

Preguntas clave

1) ¿Por qué es difícil para los líderes poner primero a otras personas?

Por egoísmo, por vanagloria, por pensar: «No tengo por qué salir de mi zona de comodidad».

2) ¿Cómo está el líder más consciente de la gente?

Involucrándose con ellos, pero si pone una barrera entre la gente y él, nunca estará consciente de las necesidades ajenas. El líder debe interactuar con la gente para estar consciente de sus necesidades.

4. Un equipo ganador delega responsabilidades a la gente.

Segunda de Samuel 8:16-18 afirma: «*Joab hijo de Sarvia era general de su ejército, y Josafat hijo de Ahilud era cronista; Sadoc hijo de Ahitob y Ahimelec hijo de Abiatar eran sacerdotes; Seraías era escriba; Benaía hijo de Joiada estaba sobre los cereteos y peleteos; y los hijos de David eran los príncipes*».

David empezó a delegar autoridad. Un buen líder nunca deja para mañana lo que alguien más puede hacer por él hoy. Él no lo va a hacer todo. A veces los líderes queremos controlar todo, pero no se puede. Usted solamente controla hasta el límite donde llega su influencia. Deje que los demás hagan lo que tienen que hacer.

Razones por las que se delega pobremente, ponga atención a cuales de los siguientes puntos se identifican con su gestión:

❖ El administrador hace todo el trabajo porque teme que los que están debajo de él carecen de la suficiente experiencia para asumir la responsabilidad.

Lo que sucede es que en muchos lugares piden experiencia, pero si es la primera vez que uno va a realizar un trabajo, ¿cómo va a tener experiencia si no ha tenido otro?

❖ Cree que su gente está sobrecargada con el trabajo.
❖ Hace su tarea porque está acostumbrado; es su trabajo y simplemente no puede soltarlo.
❖ Cree que nadie, sino él solo, es competente para tomar la decisión que se requiere.
❖ Siente que se toma tanto tiempo para explicar el trabajo, y observar la función que no vale la pena el esfuerzo.
❖ Sigue intentando ceder el trabajo, «Uno de estos días», pero nunca llega ese día.
❖ Cree que delegar la tarea añadirá peligro de errar o traer un mal juicio y no está dispuesto a arriesgarse.
❖ Sabe que puede hacer el trabajo más rápido y eficiente que cualquier otro.
❖ Siente que el trabajo es muy importante para él y no para otros.
❖ No puede detectar a alguien que esté dispuesto a tomar la responsabilidad añadida.
❖ Disfruta demasiado de la tarea como para soltarla.
❖ Delegar le requiere revelar más información sobre el operativo de lo que desea, así que es una realidad que no quiere admitir porque amenaza su seguridad.

Principios para delegar

1) Delegar es una filosofía antes que una práctica.

Algunos padres hacen todo por sus hijos mientras otros esperan que aquellos hagan ciertas cosas por estos. Muchas veces hablamos bastante sobre delegar, pero simplemente se mantiene como una filosofía: delegar es una filosofía más que una práctica.

2) La habilidad para reconocer es un factor importante al delegar.

Usted debe tener cierta habilidad para reconocer a alguien capaz al de modo que pueda delegarle una responsabilidad.

3) Acérquese a personas alrededor suyo que complementen su habilidad.

Estas son personas diferentes a uno, son un complemento. No elija a quienes piensan igual a usted, que hacen lo mismo. Tiene que tomar a personas que hacen cosas diferentes pero que complementen su habilidad. Lo peor de un líder es la inseguridad, así que no tenga miedo.

«Ningún ejecutivo jamás ha sufrido porque los que están debajo de él son fuertes y eficientes». ~ *Peter Drucke*

«Aquí descansa un hombre que sabía reclutar a su servicio, a hombres mejores que él mismo». ~ *Tumba de André Larnogie*

«Nunca aprenda a hacer cualquier cosa. Si no aprende, encontrará a alguien más para que lo haga por usted». ~ *Mark Twain*

[UNA GRAN LECCIÓN DE LIDERAZGO]

Aquellos que están cerca de mí determinan el nivel de mi éxito.

Esta es la gran lección del liderazgo. ¿Quién está cerca de usted aparte de su familia? ¿Cuáles son los líderes que le están rodeando? En otras palabras, si sólo hacemos ciertas cosas, puesto que tenemos algunas horas en el día, quiere decir que nuestro éxito es determinado sólo por nuestras propias habilidades. Eso establece límites. Así que, ¿cómo podemos aumentar nuestro valor al reino de Dios? Creo que aquellos que están cerca de uno son el recurso o el riesgo más grande. De modo que mi éxito depende del de la gente que me rodea. De igual forma, si los que le rodean no hacen nada, usted tampoco hará nada, porque tiene un equipo que no hace nada.

A veces como equipo hacemos como los niños cuando juegan fútbol. A uno que le dieron una pelota, corrió y metió gol en su misma portería. Eso es lo que sucede a veces cuando jugamos para el equipo contrario más que para el nuestro.

5. Un equipo ganador tiene a un líder que es ungido.

Segunda de Samuel 8:6, 14 indica: (v. 6) «... *y Jehová dio la victoria a David por dondequiera que fue*». (v. 14) «... *y Jehová dio la victoria a David por dondequiera que fue*».

El líder de un equipo ganador tiene la unción de Dios. Querer estar con el equipo ganador es estar con el equipo que tiene a Dios ayudándole. Puesto que los israelitas querían ganar se añadieron al equipo de David, porque este tenía la unción de Dios en su vida.

Si tiene a un líder sin la unción de Dios, no importa lo que realice, no ganará, será un buen líder pero no un gran líder. Usted puede tener un líder sin la unción y puede hacer todas las cosas correctas, el mejor programa, pero eso no importa mucho porque no va Dios con él. Saúl era un buen rey, pero no un gran rey. Lo que hizo a David un gran rey fue la unción y el llamado de Dios.

La unción de Dios en su vida y en la mía es indispensable; no es una opción, es vital. ¿Podría dar Dios testimonio de que somos personas conforme a su corazón? Dios dio testimonio de David a Salomón «...si anduvieras en la integridad de tu padre» ¿Podría Dios decir que somos personas de unción?

6. Un equipo ganador tiene miembros que se ayudan unos a otros.

David tenía ciertos capitanes, y los mandó a conquistar ciertos terrenos. Mire lo que afirma 2 Samuel 10:9-11:

«Viendo, pues, Joab que se le presentaba la batalla de frente y a la retaguardia, entresacó de todos los escogidos de Israel, y se puso en orden de batalla contra los sirios. Entregó luego el resto del ejército en mano de Abisai su hermano, y lo alineó para encontrar a los amonitas. Y dijo: Si los sirios pudieren más que yo, tú me ayudarás; y si los hijos de Amón pudieren más que tú, yo te daré ayuda».

Se fija lo que hace un equipo ganador: ayuda a aquel que va perdiendo, colaboran unos con otros. El señor Ralph Waldo Emerson dijo: «Es una de las compensaciones más hermosas en esta vida, que ningún hombre puede tratar de ayudar sinceramente a otros, sin ayudarse a sí mismo». Si ayuda a otros, automáticamente está ayudándose a sí mismo.

7. Un equipo ganador desarrolla a otros ganadores.

David reprodujo a otros ganadores. Él tenía esa habilidad. Lo más importante en el liderazgo de David es que reprodujo este tipo de ganadores.

Segunda de Samuel 23:8-12 dice: *Estos son los nombres de los valientes que tuvo David: Joseb-basebet el tacmonita, principal de los capitanes; éste era Adino el eznita, que mató a ochocientos hombres en una ocasión. Después de éste, Eleazar hijo de Dodo, ahohíta, uno de los tres valientes que estaban con David cuando desafiaron a los filisteos que se habían reunido allí para la batalla, y se habían alejado los hombres de Israel. Este se levantó e hirió a los filisteos hasta que su mano se cansó, y quedó pegada su mano a la espada. Aquel día Jehová dio una gran victoria, y se volvió el pueblo en pos de él tan sólo para recoger el botín. Después de éste fue Sama hijo de Age, ararita. Los filisteos se habían reunido en Lehi, donde había un pequeño terreno lleno de lentejas, y el pueblo había huido delante de los filisteos. El entonces se paró en medio de aquel terreno y lo defendió, y mató a los filisteos; y Jehová dio una gran victoria».*

Qué hombres tan valientes y tenaces tenía David como líderes. Dirigía un equipo ganador, gente que había sido desechada, y que lo siguieron, y los hizo héroes.

Enseñamos lo que sabemos, pero reproducimos lo que somos. David reprodujo lo que era; si lo que tenía eran peores que nada, los convirtió en ganadores. Si somos personas ganadoras, vamos a reproducir ganadores. Si somos perdedores vamos a producir puros perdedores. Uno como líder no atrae lo que quiere, sino lo que uno es, esta es la ley del magnetismo.

8. Un equipo ganador desarrolla lealtad.

Si lee la historia que se encuentra en 2 Samuel 23:13-17, se dará cuenta que David estaba en un campamento con su gente, y los filisteos controlaban a Belén. A la entrada de Belén había un pozo con agua, increíblemente fresca. David dijo, mientras estaba en una de las praderas, «Cómo me gustaría beber el agua que hay en Belén» y en ese momento se levantaron tres de sus hombres, entraron por el campamento de los filisteos, tomaron del agua, y se la llevaron a David. Este le dedicó el agua a Jehová. ¿Por qué David no tomó el agua? Si usted se hubiera molestado en ir y buscar el agua, y luego ve que su líder no se la toma ¿qué habría pensado? Creo que hay tres respuestas a ello. La primera es que no se sintió digno de beberla, porque supo del sacrificio que sus hombres hicieron para traérsela. Ellos arriesgaron su vida. Creo que David pensó: «Solamente Jehová es digno de esto». La segunda razón es que se sorprendió. Sólo hizo un comentario y en seguida vio el agua frente a él. Observó que su influencia era grande entre su gente. Y en tercer lugar, David se sintió humillado, comprendió que todo lo que decía o deseaba, pesaba en los hombros de sus hombres, tanto que sus deseos eran órdenes para sus hombres. Probablemente David sintió que expuso la vida de sus hombres por un simple comentario. Pero ¿sabe por qué ocurrió eso? Porque David desarrolló hombres que le eran fiel, que estaban dispuestos a decir: «Porque nos has llevado a un nivel más alto que el que teníamos, te vamos a ser fieles en agradecimiento». Pienso que como líderes hay que crecer en nuestra habilidad para edificar a un equipo ganador.

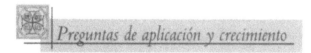

Preguntas de aplicación y crecimiento

1. ¿Cuáles son las ochos características de un equipo ganador?

   1)

   2)

   3)

   4)

   5)

   6)

   7)

   8)

2. ¿Cuáles de estas características son fuertes en su equipo?

3. ¿Cuáles deben mejorar en su equipo?

4. Repase el acróstico PLANEE PRIMERO.

P_____

L_____

A_____

N_____

E_____

E_____

P_____

R_____

I_____

M_____

E_____

R_____

O_____

EL LÍDER ENFOCADO EN NO ABUSAR DEL PODER

ocho

La medida de un hombre se define por la forma en que usa el poder.

~ Pittacus

Hay una frase importante sobre el poder que dice: «La medida de un hombre se define por la forma en que usa el poder». Si quiere saber la medida de un hombre, vea qué es lo que hace con el poder que tiene. Abraham Lincoln lo dijo de esta manera: «Casi todos los hombres pueden soportar la adversidad, pero si usted quere probar el carácter del hombre, concédale poder».

[FRASES SOBRE EL PODER]

1. El carácter es probado cuando la persona tiene opciones.

La gente busca el poder por las opciones y no por el dinero. Quienes hayan tenido en alguna ocasión poder comprenden lo que desean, no tanto por el significado o el valor que trae, sino por las opciones que puede brindar. El dinero no corrompe, solo da opciones que pueden corromper. Las opciones son las que ponen a prueba el carácter de la persona. Nada más sé que si usted quiere ver el carácter de una persona comprobada déle opciones.

2. El poder es más difícil de controlar que los problemas.

El poder revela cualquier fractura que haya en nuestra personalidad. Esto es lo que el poder puede causar a la persona una vez que lo tenga. Si hay una fractura en el carácter de la persona, no se mostrará al principio, pero entre más privilegios y poder se le da, más se abrirá la fractura, y es por eso que las personas que no tienen sus vidas en orden, y se les conceden algunos privilegios especiales, abusan de ellos.

Por eso en nuestros pueblos de México y Centro América, se han levantado muchos dictadores, que no son líderes sino tiranos, porque el poder les ha dado esas opciones de controlar todo. Y todo gira alrededor de ellos. Es lo que ocurre en algunas iglesias. El poder es más difícil de controlar que los problemas mismos.

[EL CAMINO HACIA EL PODER ABUSIVO]

1) La etapa de la sorpresa.

En la etapa de la sorpresa la persona expresa lo siguiente: «Esto es lo que voy a obtener». En otras palabras, la mayoría de las personas que se elevan en la escalera del liderazgo tienen cierto sentimiento que dice: «O sea, quiere decir que esto es lo que voy a obtener». No esperaban llegar a una posición de líder con tantos privilegios, tantas oportunidades. David es un ejemplo clásico. Nunca esperó ser rey, incluso cuando vinieron a buscarlo y a ungirlo. De los hijos de Isaí, David era el único que no estaba; se encontraba cuidando el rebaño de su padre.

Así que imagínese cuando llegan y le dicen: *«David te hablan, te van a ungir»*, seguro que dijo: *«A mí»* y le dicen: *«Tú eres el elegido»*. Todo es repentino. Muchos que entran en el camino del liderazgo se llevan sorpresas, porque demasiadas veces van a toparse con lo desconocido. Por eso muchas veces confundimos los títulos con la posición del liderazgo.

2) La etapa de la autoestima.

En la etapa de la autoestima la persona expresa lo siguiente: «Esto es lo que necesito». Al entrar en esta etapa dejamos de preguntarnos: ¿Es esto lo que voy a obtener? Y empezamos a preguntar: ¿Es esto lo que necesito? Aquí el líder empieza a proteger su posesión, su título y sus logros. Si la fractura de una persona se va a notar, empieza aquí, porque el líder empieza a decir lo que va a obtener, lo que necesita, «Porque soy el líder necesito esto…» y surgen ciertas necesidades en su vida puesto que los otros le sirven. Cuando alguien llega y le ayuda, eso le eleva su autoestima ya que le reconocen como líder.

3) La etapa de la satisfacción.

En esta etapa la persona expresa lo siguiente: «Esto es lo que merezco». Si el líder llega a esta etapa, corre peligro. Aquí empieza a mirar a otras personas totalmente diferentes, desarrolla ciertas cosas alrededor de ellos como líderes, para forzar que la gente le sirva porque supuestamente se lo merece. El líder que abusa de su poder siempre anda buscando que la gente le sirva. No busca servir, sino que le sirvan, porque según él se lo merece como líder. En una ocasión uno de ellos me comentó: «Yo sí puedo llegar tarde a una reunión, pero mi gente no». Eso está mal, el que debe llegar primero es el líder.

4) La etapa del egoísmo.

En esta etapa la persona expresa lo siguiente: «Esto es lo que demando». Aquí es donde se dice: «Este es mi derecho y exijo que me des lo que quiero, que me des tiempo, etc.». Ese mismo líder que mencioné anteriormente me dijo que una vez se enojó mucho con las personas de su equipo, porque cuando lo estaban esperando por llegar tarde, ninguno se paró para saludarlo. Todos lo saludaron sentado. Me dijo que para él fue una ofensa e irrespeto. Pensé que este líder estaba muy mal. Me recordó al burro que cargó a Cristo, del que dice una fábula que al entrar a Jerusalén con el Señor encima creyó que los aplausos y vítores que exclamaba el pueblo eran para él. Muchas veces los líderes no nos damos cuenta que es por Cristo quien nos dio esa gracia y esa posición.

¿Cuál es la etapa del peligro? y ¿por qué? El peligro aparece en la etapa de la autoestima. Es mi conclusión, porque es donde se manifiesta el ego de la persona. Es una etapa peligrosa, si no se está centrado en Cristo. En otras palabras, si está enfocado en Cristo puede ir a través de esta etapa y comprender su éxito se debe a la gracia de Dios. En caso contrario, las fracturas de su personalidad van a empezar a aflorar.

Cuando obtenemos poder y opciones llegamos a creer que no necesitamos más de Dios. Esta etapa tiene un efecto en las personas y en los líderes inseguros, porque de que los hay, los hay. Las personas con un alto grado de inseguridad y una auto-estima baja se hunden muy rápido en esta etapa. Yo conozco varios.

El abuso del poder sucede gradualmente. No crea que el líder abusa rápido, sino que empezó gradualmente. Me gusta esta frase que encontré en la revista Liderazgo [Leadership Magazine] que dice así:

«*Los líderes que son llamados "líderes con moral" por James MacGregor Burns, son aquellos cuya motivación es producir el cambio en el mundo, lo que sería de gran valor, tanto para el líder como para aquellos que dirige. Sin embargo, el abuso del poder ha fallado en mirar al seguidor, y en tomar decisiones en las cuales el bienestar de otros ya no es el interés real. Yo sospecho que la mayoría de los líderes con poder controlador, nunca se ven a sí mismos de esa manera. Ellos operan con la misma mentalidad, como cuando miraban a otros como dignos de existir por razones propias, la erosión va hacia el uso del poder abusivo, es tan gradual que ni ellos mismo lo notaron. En camino a la escalera del control, ellos sirvieron bien a aquellos que dirigían, eran líderes con moral. Pero, una vez llegan al pináculo del control, el poder que una vez estaban dispuestos a compartir llegó a ser su provincia absoluta*».

Es como decir: «Llegué al punto del control y ya nadie más llegará». Es algo gradual, ni ellos mismos se dan cuenta, protegen su territorio, tienen guardaespaldas, empiezan a controlar y no quieren compartir el poder.

[¿CÓMO PODEMOS SABER CUÁNDO EMPEZAMOS A ABUSAR DEL PODER?]

Evidencias del abuso del poder

1. No aceptar las disciplinas comunes a otros.

Empezamos a abusar del poder cuando creemos que estamos por encima de la disciplina general para otras personas, y que ya no tenemos que aceptar disciplina alguna. En otras palabras, estamos diciendo: «¿Saben qué? Yo soy el líder y no tengo las mismas guías disciplinarias que ustedes. Así que puedo hacer ciertas cosas, pero si ustedes las hacen les va a ir mal». Un ejemplo en la vida de David fue cuando cometió adulterio. Lo podemos observar en 2 Samuel 11:1: *«Aconteció al año siguiente, en el tiempo que salen los reyes a la guerra, que David envió a Joab, y con él a sus siervos y a todo Israel, y destruyeron a amonitas y sitiaron a Rabá; pero David se quedó en Jerusalén».*

David no fue a esa guerra, no quiso ir como rey que era. «Un gran líder nunca se pone por encima de sus seguidores, excepto en cuanto a asumir responsabilidades». ¿Sabía usted que la mayor parte de las responsabilidades cae sobre el líder?

¿Por qué David se puso por encima de los demás y no fue a la guerra?

Estamos hablando de un rey guerrero a quien se le conocía por las guerras que tuvo, inclusive llegó a ser rey por las victorias que obtuvo. Ahora, en lugar de dar el ejemplo dijo: «Ustedes vayan a la guerra, yo soy el líder, el rey» y se quedó. Eso es lo que pasa cuando empezamos a abusar del poder, mandamos al rebaño al frente «y si les va mal», díganme para correr. Eso es lo que pasó con David. La pregunta anterior se responde con estas cuatro respuestas:

1) Correr riesgos se hace más difícil con el éxito.

Cuando tenemos éxito, tendemos a minimizar el riesgo. Cuando uno no tiene nada, pone todo en juego. Entre más tenga uno, menos queremos arriesgarnos. Cuando David era joven, no tenía dinero ni reputación. Así que no tenía mucho que perder en las guerras. ¿Sabía usted que cuando Dios nos empieza a usar es más difícil arriesgarnos? Porque tenemos miedo de perder lo que hemos logrado.

Eso me recuerda la historia de un hombre millonario que conocí, que impartía seminarios sobre finanzas. Él decía: «Ustedes pueden prosperar como yo... todo empezó porque en ese entonces tomé lo único que tenía, todo lo que poseía eran veinte dólares, y se lo di a una iglesia, y de repente el Señor me empezó a bendecir, y ahora tengo millones y millones». Cuando terminó su seminario, se levantó una persona y le dijo: ¿Le gustaría repetir otra vez el mismo proceso, y dar todo lo que tiene para que Dios lo vuelva a bendecir? Ahí el seminario se vino abajo, porque es más difícil arriesgarse cuando se tiene éxito. Es muy fácil dar un dólar, cuando no hay nada más que dar, pero dar un millón cuando es lo único que tienes es difícil.

2) Sentirse mejor que los demás.

En otras palabras, David dijo: «Soy el rey, no tengo por qué ir, nadie me tiene que demandar que vaya a la guerra, al contrario, yo mando a la guerra».

3) Ser muy blando.

David empezó a operar, ya no en el carácter, sino con las emociones.

4) Sentirse seguro.

David ya no sentía que tenía que salir a la guerra para sobrevivir, ya estaba en la cima, ya era el rey.

En la vida hay dos tipos de personas: aquellos que tienen que sentirse bien para hacer las cosas —estos son los perezosos—, y aquellos que lo hacen y luego se sienten bien; estos son los líderes.

Esto es muy importante en la vida de todos nosotros como líderes. Veamos una aplicación:

¿Qué pasos debe dar para asegurarse de que no tratará de zafarse de sus responsabilidades y llegar a ser indulgente?

1) Rinda cuentas a alguien.

Tenga a alguien alrededor de usted que le confronte con preguntas difíciles, no tenga miedo si es líder. Y si Dios lo está levantando, menos aun. Alguien que le diga: «¿Cómo te estás portando?, ¿Cómo te ha ido?, ¿Cómo está tu vida personal?» Hay muchos líderes que dicen: «Yo le respondo a Dios, mi autoridad es Él». Claro que Dios es la autoridad de todos, pero uno debe tener a alguien por encima para rendirle cuentas. Es la manera de asegurar que somos íntegros.

2) Manténgase cerca de sus raíces.

Muchas veces como líderes se nos olvida de dónde salimos, quién nos hizo, quién nos llevó a esa posición. ¿Sabía usted que el mismo ejército que David tenía lo hizo rey? Y ahora los manda solos. Muchas veces menospreciamos a aquellas personas que se brindaron a seguirnos como líderes y empezamos a excluirlos. Nunca olvide sus raíces, de dónde salió, quién ha estado con usted.

3) Sea transparente.

El líder debe de ser transparente. Muchos no lo son porque temen que la gente sepa sus puntos débiles y que no lo sigan por eso.

2. Al usar a otros para satisfacer deseos personales.

«Debemos amar a las personas y usar las cosas; no usar a las personas y amar las cosas».

Hay muchos líderes que aman más las cosas que a las personas.

Veamos el relato de 2 Samuel 11:2-4: «*Y sucedió un día, al caer la tarde, que se levantó David de su lecho y se paseaba sobre el terrado de la casa real, y vio desde el terrado a una mujer que se estaba bañando, la cual era muy hermosa. Envió David a preguntar por aquella mujer, y le dijeron: Aquella es Betsabé, hija de Eliam, mujer de Urías heteo. Y envió David mensajeros, y la tomó; y vino a él, y él durmió con ella. Luego ella se purificó de su inmundicia, y se volvió a su casa*».

David era el rey, él tenía que amar a esta mujer como súbdita y sentir carga por ella porque su esposo andaba en la guerra, pero en lugar de eso, dijo: «Yo soy el rey y hago lo que quiera». Inclusive le dijeron que era casada, lo cual ignoró.

Usamos a la gente cuando...

1) Ponemos nuestro plan primero que el de los demás.

En el momento en que mi plan como líder es primero que el de mis líderes, los estoy usando a ellos. Siempre les he dicho a mis líderes consejeros: «Tengo que pensar en toda la iglesia, y no sólo en un grupo». El líder usa a la gente cuando pone su agenda o su plan antes que a los demás.

2) Tenemos una relación unilateral.

La relación tiene que ser de usted hacia mí y no de mí hacia usted. Usted tiene que ser mi amigo, pero yo no tengo que serlo de usted. Es como cuando nos casamos y decimos: Lo tuyo es mío, y lo mío es mío. Es lo que sucede en la mentalidad de algunos líderes. Es una relación de un solo lado. Quiero que me protejas, y que veles por mí. Usamos a la gente cuando tenemos una relación unilateral.

3) Usamos nuestra posición para influenciar a otros.

David hizo eso con Betsabé porque no hay ninguna indicación de que ella anduviera quedando bien con David, o de que no amara a su marido. Puesto que David era el rey usó el poder para salirse con la suya.

¿Cuál es la diferencia entre manipular a la gente y motivarla?

1) La manipulación es avanzar juntos para mi propia ventaja.

Cuando manipulo a la gente es que vamos a avanzar juntos para yo aprovecharme, para yo crecer, para yo ganar.

2) La motivación es avanzar juntos para ventaja mutua.

Todos salimos ganando cuando estamos motivándonos.

3. Tratar de arreglar las cosas en lugar de hacerlas bien.

¿Cómo podemos saber que hemos abusado del poder? Cuando tratamos de arreglar las cosas en vez de hacerlas bien.

Segunda de Samuel 11:5-10: «*Y concibió la mujer, y envió a hacerlo saber a David, diciendo: Estoy encinta. Entonces David envió a decir a Joab: Envíame a Urías heteo. Y Joab envió a Urías a David. Cuando Urías vino a él, David le preguntó por la salud de Joab, y por la salud del pueblo, y por el estado de la guerra. Después dijo David a Urías: Desciende a tu casa, y lava tus pies. Y saliendo Urías de la casa del rey, le fue enviado presente de la mesa real. Mas Urías durmió a la puerta de la casa del rey con todos los siervos de su señor, y no descendió a su casa. E hicieron saber esto a David, diciendo: Urías no ha descendido a su casa. Y dijo David a Urías: ¿No has venido de camino? ¿Por qué, pues, no descendiste a tu casa?*».

Aquí podemos ver lo que David estaba tratando de hacer, que Urías fuera y se acostara con Betsabé, para que así pensara que el hijo es suyo. Me gusta lo que dijo Andrew Hamilton: «El poder puede muy bien ser comparado a un gran río: mientras se mantenga dentro de su confines, es hermoso, y puede ser usado pero cuando desborada, trae destrucción y desolación a todos en el camino».

¿Por qué tendemos a arreglar las cosas, en lugar de hacerlas bien?

1) Por el ego.
2) No queremos ser descubiertos.
3) No queremos aceptar culpabilidad.

¿Qué pasos podríamos dar para asegurarnos de que confrontaríamos nuestros fracasos personales, en lugar de ajustar nuestras circunstancias?

1) Responsabilidad.

En otras palabras aceptar la responsabilidad.

2) Caminar diariamente con Dios.

Cuando estudiaba la vida de David me fui a un comentario que habla de él. ¿Sabía que escribió la mayoría de los salmos antes de convertirse en rey. Cuando tenía que depender de Dios para sobrevivir fue cuando escribió los salmos. No los escribió después que logró el trono hasta que escribió el salmo 51. Cuando alcanzó el éxito como que no tenía necesidad de andar todo el tiempo con Dios. Pero llega una posición donde toda está rodeándole. Se cree que fue el salmo 51 el que escribió cuando era rey, o sea que pasó una experiencia amarga para volver a encontrarse con su Dios.

3) Admitir las áreas débiles.

Usted que es líder aprenda a pedir perdón, aunque no haga nada mal, y hágalo de corazón, no mecánicamente. Así enseñará a la gente a que también lo hagan. El líder debe tomar la iniciativa en todo. Admita sus áreas débiles.

4) Tener integridad consigo mismo.

Si cada uno nos miráramos en un espejo ¿qué veríamos? Y si el espejo pudiera hablarnos, ¿qué nos diría, o qué le diría de su integridad?

4. Al cerrar mi mente a cada sugerencia, de que estoy fuera de la voluntad de Dios.

David tuvo dos oportunidades de entender que estaba fuera de la voluntad de Dios, pero cerró su mente. Si hubiera estado caminando con Dios probablemente habría podido escuchar la exhortación de las frases de Urías, de que los hombres de guerra estaban muriéndose, y que sería muy egoísta de su parte entrar a su casa. En otras palabras, David hubiera pensado que no estaba en la voluntad de Dios porque no debía estar en casa mientras los demás estaban en el frente de batalla. O cuando vino el profeta Natán y le habló, y le puso una ilustración, y David dijo: «¿Quién es esa persona...?» y Natán le respondió: «Tú».

Muchas veces, cuando estamos abusando del poder, cerramos nuestra mente a los que sugieren que estamos fuera de la voluntad de Dios. Inclusive hallamos ofensivo que alguien venga y cuestione lo que estamos haciendo. Esta misma persona que les mencionaba anteriormente comentaba que se le hacía una falta de respeto que alguien cuestionara su liderazgo, pero ¿por qué? Porque él mandaba, y nadie le tenía que decir nada. Eso es una muestra de una mente cerrada.

El relato de 2 Samuel 11:11-13 es concluyente, leámoslo: «*Y Urías respondió a David: El arca e Israel y Judá están bajo tiendas, y mi señor Joab, y los siervos de mi señor, en el campo; ¿y había yo de entrar en mi casa para comer y beber, y a dormir con mi mujer? Por vida tuya, y por vida de tu alma, que yo no haré tal cosa. Y David dijo a Urías: Quédate aquí aún hoy, y mañana te despacharé. Y se quedó Urías en Jerusalén aquel día y el siguiente. Y David lo convidó a comer y a beber con él, hasta embriagarlo. Y él salió a la tarde a dormir en su cama con los siervos de su señor; mas no descendió a su casa*».

¿Qué es lo que causa que ignoremos las señales de Dios, cuando estamos haciendo cosas que sabemos que están violando lo que Él desea?

1) Pecados temporales.

Han llegado tiempos en la vida de las personas de la organización, como por ejemplo en David, en donde fracasan y caen. Recuerdo que en los años finales de los ochenta y principios de los noventa, varios evangelistas famosos cayeron, y después empezaron a surgir otros. Hubo una temporada en que la gente no entendía las señales de Dios, por lo que se hizo una encuesta. Lo que más me llamó la atención sobre esta encuesta de los líderes es que cayeron moralmente. Más del noventa por ciento de los que descubrieron nunca se casaron con la mujer con que tuvieron relaciones. Fueron cegados por la temporalidad del pecado, y destruyeron su matrimonio y ministerio. Esto me llama la atención porque en una entrevista que le hicieron a uno de ellos comentó lo siguiente: «Yo no necesitaba de amigos, tenía todo el poder necesario para hacer lo que quería». Tenemos que cuidarnos porque nos puede suceder lo mismo. Hay que tener cuidado con el poder.

2) No estar dispuesto a escuchar.

3) Impedir ser descubiertos.

Ignoramos las señales de Dios porque estamos tan ocupados tratando de no ser descubiertos, cubriendo una mentira con otra.

4) El pecado continuo nos entorpece para escuchar.

La peor cosa sobre el pecado continuo es que nos hace torpes, entorpece nuestros sentidos para escuchar y ser receptivos. Al continuar David con su complot, se le hizo más fácil hacer las cosas que de otra manera no haría en una situación normal, porque ya estaba viviendo pecado sobre pecado.

Me gusta la siguiente definición de la conciencia:

«La conciencia son tres esquinas pequeñas que van dentro de uno. Cuando hago mal dan vueltas y me duele mucho, pero si sigo haciéndolo, darán mucho más vueltas, tanto que las esquinas se desgastan y ya no me duele».

Al principio de la primera falla, la conciencia no nos deja tranquilos, pero si seguimos, la conciencia ya no nos dirá nada. No seremos sensibles a lo que Dios nos quiere decir. Es muy peligroso porque cerramos nuestra mente a lo que Dios quiere decirnos. Nos cerramos a las sugerencias porque estamos fuera de la voluntad divina.

5. Al pensar que las personas que están en mi camino pueden ser desechables.

Segunda de Samuel 11:14-17 afirma: *«Venida la mañana, escribió David a Joab una carta, la cual envió por mano de Urías. Y escribió en la carta, diciendo: Poned a Urías al frente, en lo más recio de la batalla, y retiraos de él, para que sea herido y muera. Así fue que cuando Joab sitió la ciudad, puso a Urías en el lugar donde sabía que estaban los hombres más valientes. Y saliendo luego los de la ciudad, pelearon contra Joab, y cayeron algunos del ejército de los siervos de David; y murió también Urías heteo».*

Este tipo de pecado no solamente afecta a una sola persona. Mucha gente inocente murió ese día porque David pensó que las personas eran desechables. No sólo murió Urías, sino mucha gente, hombres valientes y dispuestos a dar la vida por David. Y ¿sabe por qué?, todo por el abuso del poder. Cuando uno cae no cae solo.

La corrupción y la deshonestidad parece ser que ocurren cuando el líder pierde de vista el hecho de que se le ha dado poder solo para un propósito: servir a otros.

Los líderes no pueden dirigir sin que tengan autoridad, ni pueden poseer autoridad sin que tengan poder.

Como lo dijo John Stott: «Una cierta autoridad está ligado a todos los líderes, y el liderazgo sería imposible sin ella... los líderes tiener poder, pero este solo está seguro en las manos de aquellos que se humillan a sí mismos para servir».

¿Quiere usted retener su poder? Sirva, como dijo Cristo. ¿Quiere ser el mayor? Sirva, pero hay líderes que dicen: «Sírveme, sírveme, sírveme».

El liderazgo es influencia, y cuando hacemos una decisión basada en la avaricia, o en cualquier razón que no sea la correcta, no sólo nos dañara a nosotros, sino a otras personas.

La responsabilidad sobresaliente del liderazgo es que comprendamos que cuando tomamos una decisión personal sólo nos afectamos a nosotros mismos, pero cuando tomamos una decisión de liderazgo, nos llevamos a muchas personas con nosotros. Examinemos, pues, nuestras vidas como líderes.

Preguntas de aplicación y crecimiento

1. ¿Qué opinan usted y su equipo de las dos frases sobre el poder?

2. Estudie y enumere las cuatro etapas hacia el poder abusivo.
   1)
   2)
   3)
   4)

3. ¿Cuáles son los dos tipos de personas en la vida?

4. ¿Cuáles son las cincos evidencias del abuso del poder?
   1)
   2)
   3)
   4)
   5)

5. ¿Qué pasos puede dar junto con su equipo para evitar el abuso del poder?

EL LÍDER ENFOCADO A TRAVÉS DEL FRACASO

nueve

Un líder necesita tener apertura tanto en sus fracasos como en sus éxitos.

Para iniciar este capítulo, observaremos los pasos importantes para recuperarnos o sobrevivir a los fracasos grandes de la vida. ¿Cuántos hemos experimentado fracasos en nuestra vida? Si se pone a pensar hay fracasos de fracasos y es del fracaso del que voy a hablarles. David los tuvo muy fuertes: tan inmorales como el adulterio, y tan pequeños como la mentira, que se fueron haciendo más grandes, hasta no poder controlarlos, y llegar al asesinato.

Lo que más me impacta es que los grandes líderes no son aquellos que se vencen ante el fracaso, sino que saben buscar a Dios en medio de los conflictos, como dice Proverbios: «*Siete veces cae el justo pero se vuelve a levantar».* Quiero que entienda que nadie está exento del fracaso. Todos estamos constantemente en el blanco del enemigo, para ver cómo nos puede derribar.

Una de las tentaciones que el enemigo usa para hacer fracasar al líder o a cualquier persona es mediante los fracasos morales, entre los líderes jóvenes, entre los grupos y dentro de cualquier organización. Se ha expresado que hay tres factores que derrumban a una persona: esto es la fama, la lana y las damas. Esto ha sido clave en los fracasos que han tenido los grandes líderes.

Si se fracasa en un asunto de inmoralidad hay que restaurar al pecador. Como líderes tenemos una gran responsabilidad con las personas que estamos guiando y cuidando de que no fracasen moralmente.

[PASOS PARA SOBREVIVIR A LOS GRANDES FRACASOS]

1. Receptividad

«Somos más tolerantes con los errores que son admitidos, que con los que se neigan».

La gente tolera más los errores que se admiten y se confiesan, que los que se ocultan. No lo justifican pero hay cierta flexibilidad hacia ellos.

Recuerde la historia de dos ex presidentes de los Estados Unidos, Richard Nixon, que negó los hechos cometidos cuando se le acusó como responsable del caso Water Gate. Nixon dijo que no había hecho nada mal, y una semana antes que la información se hiciera pública, renunció. Su peor crimen no fue haberlo hecho, sino negarlo, ya que no sólo se engañó a sí mismo, sino a los que tenía cerca de él y a toda una nación.

El otro fue el caso de William J. Clinton, que en un principio dijo no conocer a la mujer con la que le acusaban de mantener relaciones inmorales. Al final tuvo que admitirlo, y aunque asumió su error lo hizo con palabras desconocidas hasta ese momento para los ciudadanos. Pero como es un hombre muy carismático se salió con la suya. Lo sorprendente no es que haya tenido una relación extramatrimonial, no. Lo peor fue que quiso tapar el sol con un dedo.

Creo que cada líder, para poder sobrevivir a los grandes fracasos, debe ser honesto, sincero y receptivo. Necesitamos ser receptivos tanto en los fracasos como en los éxitos. Pensamos en la vulnerabilidad y la sensibilidad como algo negativo. Una de las cosas más débiles de las que casi nadie habla es el éxito. Todos queremos que halaguen lo que estamos haciendo, pero en el camino al éxito no queremos que nos digan lo que estamos haciendo mal.

La receptividad debe ser tanto positiva como negativa, y muchos de nosotros como líderes evitamos mostrarnos receptivos con nuestra gente. Si quiere ser restaurado como líder, tiene que ser receptivo y aceptar los consejos. Y estoy hablando en todos los niveles, porque si usted dirige una organización, una iglesia o un grupo, no importa que sea ejecutivo, pastor o líder, si fracasa lo primero que tiene que hacer, si quiere sobrevivir a ese gran fracaso, es ser receptivo.

2. Un espíritu de perdón con los seguidores.

Los primeros que le van a apuntar son los seguidores. Ellos se van a dar cuenta de lo que hizo sin que lo admita, y se va a sentir rechazado y acusado por ellos, por lo que debe tener un espíritu de perdón hacia sus seguidores. En Mateo 7:12 la *Nueva Versión Internacional* me dice: «*Así que en todo traten ustedes a los demás tal y como quieren que ellos los traten a ustedes*».

¿Cómo quiere que le traten? Si quiere que se porten bien y le perdonen, perdónelos a ellos.

El líder tiene que tener un espíritu de perdón hacia los seguidores, porque si es acusado por ellos es tan doloroso que muy difícilmente quiera perdonarlos porque guarda cierto resentimiento. Y si no desarrollamos un espíritu de perdón, la gente que lo sigue se irá con otro líder.

Cuando los líderes perdonan, su pueblo los perdona también. Con esto quiero recalcar lo siguiente: Nuestros seguidores van a cometer errores, y si usted y yo como líderes no somos buenos para perdonarlos, y restaurarlos, en el momento en que fracasemos, tampoco ellos perdonarán. Por lo general, los seguidores observan al líder para saber cómo lidia con los fracasos.

Creo que como líder, si uno ve a alguien en su grupo haciendo algo indebido o cometiendo un pecado, debe perdonarle e intentar restaurarlo, procurando llevarlo por el camino del bien. Si no lo perdona, entonces va a tener un problema muy grande. Cuando a usted le llegue la tormenta, ellos tampoco le perdonarán. Hay un principio de liderazgo que dice así: «El seguidor al que usted trata con caridad está más dispuesto a perdonarlo cuando lo atrape la tormenta del desprecio».

Entrando en el pasaje que contiene la confrontación de Natán a David veamos cómo se desarrolla la escena (2 Samuel 12:1-7): «*Jehová envió a Natán a David; y viniendo a él, le dijo: Había dos hombres en una ciudad, el uno rico, y el otro pobre. El rico tenía numerosas ovejas y vacas; pero el pobre no tenía más que una sola corderita, que él había comprado y criado, y que había crecido con él y con sus hijos juntamente, comiendo de su bocado y bebiendo de su vaso, y durmiendo en su seno; y la tenía como a una hija. Y vino uno de camino al hombre rico; y éste no quiso tomar de sus ovejas y de sus vacas, para guisar para el caminante que había venido a él, sino que tomó la oveja de aquel hombre pobre, y la preparó para aquel que había venido a él. Entonces se encendió el furor de David en gran manera contra aquel hombre, y dijo a Natán: Vive Jehová, que el que tal hizo es digno de muerte. Y debe pagar la cordera con cuatro tantos, porque hizo tal cosa, y no tuvo misericordia. Entonces dijo Natán a David: Tú eres aquel hombre. Así ha dicho Jehová, Dios de Israel: Yo te ungí por rey sobre Israel, y te libré de la mano de Saúl».*

Observe el espíritu de David. Él no iba a perdonar al personaje que Natán le describió. Por eso le digo que el líder tiene que tener un corazón perdonador.

¿Cómo es que David podía estar enojado con el hombre rico de la historia de Natán y tolerar su propio pecado?

Creo que tengo tres respuestas para ello.

1) Vio al hombre rico desde la perspectiva del liderazgo.

Empleó una norma diferente para sí mismo. Creó otro «Yo soy el rey, yo merezco esto, después de todo tengo toda la presión para llevar hacia adelante este país, merezco un desahogo». Tenía una perspectiva diferente de lo que era mal para el y de lo que era mal para otros. Lo que hizo no era tan malo como lo que hizo el otro hombre.

Muchas veces adoptamos esa perspectiva. ¿Sabía usted que las mismas condiciones del seguidor rigen para los líderes? El hecho de ser líder no quiere decir que podemos hacer lo que queramos. No podemos mentirle a la congregación o decirle cosas que no vamos a cumplir. Creo que David pudo enojarse con el hombre rico de la historia de Natán, y tolerar su propio pecado porque lo vio desde la perspectiva del liderazgo.

A veces pensamos que por el simple hecho de ser líderes podemos hacer ciertas cosas, y que los demás las deben sobrellevar por la posición que ocupamos, y no es así. Las condiciones deben ser iguales para todos.

2) El pecado cegó a David ante sus malas acciones.

En otras palabras, David estaba cegado por el pecado que había cometido, y por eso espiritualmente no pudo discernir lo que le estaba expresando Natán. Estaba tan ciego que la historia nos dice que se levantó furioso, diciendo que iba a pagar cuatro veces más a ese hombre, olvidando el pecado que había cometido.

3) Es humano concedernos a nosotros mismos más espacio que el que les damos a los demás.

Nos concedemos a nosotros mismos el beneficio de la duda, y siempre es más fácil ver los problemas de otros que los nuestros. Vemos a los demás bajo una luz diferente de lo que usamos con nosotros mismos. Podemos ser considerados con nosotros mismos, pero somos muy rápidos para decir ¿por qué esa persona está haciendo eso? Con nosotros mismos tenemos mucha misericordia, pero con otros no. Cuando nos comportamos como David, simplemente alegamos que es de humanos, estamos desarrollando el aspecto de la carne, «Conmigo puedo tener misericordia, pero contigo no». Nos concedemos más espacio, más margen para cometer errores que el otro. Cuando el otro lo hace no es correcto, cuando yo lo hago es que me equivoqué. Cuando alguien más lo hace es pecado, cuando yo lo hago es un error.

Las dos grandes señales de un líder

1) Voluntad para perdonar.

2) Voluntad para dar.

Si el líder quiere distinguirse por sus características de siervo tiene que perdonar y tiene que dar. Ahora bien, creo que perdonar y dar van mano a mano; no puede ir el uno sin el otro.

Si quiere usted sobrevivir a un gran fracaso como David, no sólo tiene que ser receptivo, también necesita un espíritu perdonador.

3. Comuníqueles a otros que usted es una persona en proceso.

Fíjese lo que le digo, comuníqueles a otros que usted es una persona en proceso. Siempre corremos peligro cuando tratamos de comportarnos como que la tenemos hecha, o que hemos logrado algo.

«Las personas en proceso son más fáciles de perdonar que aquellas que tratan de proyectar que ya están completos, o llenos de sabiduría. El derecho de crecer es uno importante».

No sólo para el seguidor, sino también para el líder. Como líderes a veces no decimos que estamos creciendo y aprendiendo, o que no tenemos las respuestas. Dígale a la gente que se equivocó y cometió errores. Dígale que usted también está en el proceso. El hecho que sea líder y tenga la posición, o tenga una responsabilidad, como lo dije al principio, no le exime de los errores ni del fracaso. Es posible que se noten más que los de un seguidor. Son más personas las que ven allí. Muchas veces no les comunicamos a nuestra gente que también estamos creciendo, porque a veces damos una apariencia de que no tenemos errores o de que somos perfectos.

$$\left[\begin{array}{c}\text{CÓMO COMUNICAR QUE USTED ES UNA} \\ \text{PERSONA EN PROCESO:}\end{array}\right]$$

1. Las actitudes correctas.

Tiene que haber actitudes correctas en su vida para demostrar y comunicar que usted es una persona en proceso. Hay actitudes que describen que usted es una persona en proceso, y le daré cuatro de ellas.

1) Humildad.

Cuando usted demuestra en su liderazgo la humildad simplemente está diciendo: «Estoy en proceso para mejorar».

2) Flexibilidad.

Cuando usted es una persona flexible con los demás. Muchas veces somos muy determinantes y cortantes con nuestros compañeros de trabajo, pero queremos toda la flexibilidad hacia nosotros. En una ocasión un líder me dijo, mientras le debatía este punto: «Yo sí puedo llegar tarde a las reuniones porque soy el líder, pero la gente de mi equipo no, y no tengo que darle explicación a nadie». Estoy en desacuerdo con eso, porque el que tiene que llegar primero para dirigir la organización es el líder, ya que si los seguidores son los primeros que siempre llegan, ¿a quién van a seguir?

3) Escuchar.

Hay líderes que no quieren escuchar, no les interesa lo que tienen los demás, y uno como líder tiene que aprender a escuchar a la gente.

4) Accesibilidad.

Hay líderes que les cierran la puerta a todos. Yo tengo una cláusula en mi oficina: siempre mantengo la puerta abierta para todos los miembros de mi equipo, si no me encuentro y al llegar tengo recados, les doy seguimiento de inmediato. El líder debe tener una cláusula de puertas abiertas, de otra manera si no cuida ni atiende a su equipo, alguien más lo hará.

Es importante que se muestre accesible. Eso confirma que es una persona en proceso.

2. La habilidad para cambiar.

Si sigue siendo el mismo de siempre y no ha habido un cambio en usted como líder, entonces no es un buen dirigente. Leyendo la historia de Gandhi me di cuenta que uno de los discípulos suyos lo confrontó desesperadamente y le dijo: «Señor Gandhi, no lo puedo entender, porque lo que usted me dijo la semana pasada es muy diferente a lo que me dijo esta semana. ¿Por qué se contradice, por qué cambia de opinión?» Él le contestó: «¡Ah!, lo que pasa es que aprendí algo nuevo esta semana». Usted y yo tenemos que tener la habilidad de cambiar constantemente como líderes, de mejorar nuestro estado. Si queremos comunicar que somos personas en proceso, debemos tener las actitudes correctas y la habilidad para cambiar.

3. El deseo de crecer.

Si en el momento en que deja de crecer no hay un deseo, dejará el propósito que Dios le dio.

Hace algunos años, mientras trabajaba con John Maxwell, entre los muchos consejos que me dio, me hizo llegar una tarjeta con un mensaje sobre la importancia del crecimiento y la responsabilidad personal. Desde entonces la he mantenido conmigo, para recordar este principio.

[DECLARACIÓN DE RESPONSABILIDAD]
PERSONAL

Actualmente poseo todo lo que en verdad he deseado y merecido. Esto está basado en lo que he entregado hasta la fecha. Mis posesiones, mis ahorros y mi estilo de vida son un espejo exacto de mí mismo, de mis esfuerzos y mi contribución a la sociedad. Lo que doy es lo que recibo. Si estoy infeliz con lo que he recibido, es porque hasta la fecha no he pagado el precio que se ha requerido. He estado demasiado rezagado en la etapa de las quejas.

He comprendido que el tiempo ha llegado a ser una carga para mí únicamente cuando estoy vacío. El pasado es mío, y en este momento estoy comprando otras veinte cuatro horas de él. *El futuro pronto llega a ser el pasado, por un punto de control llamado el momento presente. No sólo vivo verdaderamente en ese punto, sino que tengo una responsabilidad completa por el mejor y más elevado uso del irreemplazable «presente».*

Acepto la responsabilidad completa por los éxitos y los fracasos en mi vida. Si no soy lo que he deseado ser hasta este punto, entonces lo que soy es lo que me he permitido ser. Ya no quiero ceder más a mi potencial no desarrollado.

Soy el resumen total de las decisiones que he tomado y que sigo tomando. Lo que ahora pongo bajo una inspección cercana es el valor de cada decisión venidera. Es ahí donde descansa la calidad de mi estilo de vida.

¿Le pertenecerá mi futuro a mi viejo «YO» o a mi nuevo «YO»? La respuesta depende de mi actitud hacia el crecimiento personal en este momento. Lo que cuenta es el tiempo que queda y soy responsable de cómo lo emplearé. Con mi nueva madurez descubierta, acepto la responsabilidad completa de lo bueno que puedo llegar a ser, con lo que es más importante para mí.

Con el crecimiento personal llega el temor a lo desconocido y los nuevos problemas. Estos no son más que las sombras estrechas de mi crecimiento personal. Con la ayuda de Dios, puedo cambiar mi temor real, en una aventura verdadera.

Mi vida ahora se despliega para conocer a mi nuevo destino descubierto. Escucha, mi viejo «YO», te presento a mi nuevo «YO».

4. Entusiasmo con el aprendizaje continuo.

Usted se tiene que entusiasmar aprendiendo continuamente. Una de las primeras señales de una persona que deja de crecer, y que no es una persona en proceso, es que se aburre de la vida y de aprender. Sé que a muchos de nosotros como personas no nos es fácil aprender, y a veces es un reto, pero si le ponemos corazón y entusiasmo va a haber un aprendizaje continuo en nuestra vida.

John Wooden dijo algo que me gusta mucho: «Lo que cuenta es lo que usted aprende después que lo sabe todo».

No le ha pasado que cuando le comentan algo, usted dice: «Ya lo sé, lo he estudiado», pero ¿qué es lo que ha aprendido de eso?

5. Disposición para estirarse.

En cuanto a salir de su área de comodidad, el señor Ronald Osborn dijo: «Usted nunca crecerá a menos que trate de hacer algo más allá de lo que domina». ¿Sabía que las cosas que ya domina no le ayudan a crecer? Es como comprar zapatos, si le quedan apretados, lo que quiere hacer es estirarlos, y en el momento que se estiraron le quedan bien, y a veces hasta flojos. Ese es un ejemplo de que así ocurre en el proceso de aprendizaje, que lo que usted domina ya no le hace crecer, ya no puede estirarlo más, tiene que estirar lo que no domina.

A continuación quiero hablar de la manera en que David abordó el fracaso.

Después que Betsabé salió embarazada, David trató de protegerse a sí mismo del escándalo. Primero intentó encubrirlo, después lidió con el problema bajo presión y abiertamente. Usted conoce la historia. Veamos los dos métodos que David usó con el fracaso.

1. El método del encubrimiento.

En otras palabras este método se basa en la idea de que «Las personas pensarán menos mal de mí, si no saben la verdad, lo que soy o lo que he hecho».

Preguntas clave bajo este método:

¿Por qué el líder está dispuesto a usar este método?

¿Por qué prefiere encubrir lo que ha hecho en lugar de revelarlo?

Creo que el líder puede pensar que tiene mucho que perder, y es cierto, porque ha trabajado constantemente para levantar la organización. Cuando le dice a la gente: «Me equivoqué» pierde menos, porque toca el corazón de sus seguidores. Mas cuando es descubierto antes de confesarlo, la situación se torna más difícil. Cuando lo confiesa la gente ve su corazón, y a pesar de que hubo decepción y desilusión, es posible que usted tenga cierta esperanza.

¿Será posible que David pensara que el fin de sus acciones justificaba los medios?

¿Acaso sucedió eso?

¿Ha sucedido antes?

Son buenas preguntas. David hizo de este engaño un problema nacional. Si lo hubiera hecho desde un principio con sus consejeros y profetas, ahí hubiera quedado todo. Pero quería que Urías y Betsabé continuaran como una pareja casada, y que tuvieran una familia. Pretendía que Urías no se diera cuenta de la situación; es más, David quería que el soldado pensara que él lo había ayudado.

Después de la muerte del guerrero, David decidió tomar a la esposa de Urías, engañando a toda la nación. La gente ignoraba todo eso. Qué importante es entender lo que pasó aquí con la vida de David.

¿Sabe por qué creo que David estaba muy interesado en encubrir todo eso?

Por su ego. Es increíble cómo distorsiona el poder nuestra perspectiva. El ego distorsiona nuestra apariencia. ¿Qué pudo haber hecho diferente David antes de llegar a ese punto?

El camino a la tentación empieza cuando estamos en el lugar correcto. Cuando no estamos en el lugar correcto, en el lugar que Dios quiere, es porque la senda de la tentación nos atrapa. Cuando la persona sirve a Dios donde Él quiere que esté, tiene menos tentaciones que si se fuera por su propio camino, porque Dios se encarga de cuidarlo y estar con él.

Además, David estaba en el lugar equivocado. Si hubiera ido a la guerra, si hubiera hecho lo que siempre hacía, este asunto nunca habría ocurrido.

Quiero enumerar algunos pasos que nos aseguran una vida autoentrega y no autoprotectora.

1) Que los motivos sean puros.

Si usted quiere asegurarse, o dar pasos seguros para una vida autoentrega, y no autoprotectora, debe tener motivos puros. Cuando hablo de motivos me refiero a propósitos, cómo es su motivación, cómo está su corazón en todo esto, por qué está creando lo que está haciendo, por qué concibe lo que hace.

2) No estar a la defensiva.

Cuando uno está a la defensiva quiere destruir todo menos a nosotros mismos. Y una de las cosas que nos llevan a la autoprotección es mantenernos a la defensiva. La Biblia dice que en lugar de protegerme a mí mismo, tengo que estar rindiéndome a mí mismo al Señor para caminar en su voluntad.

3) Una actitud de siervo.

Para asegurarse de que sus pasos son autoentrega y no autoprotección, debe entender que el siervo no necesita protegerse. Al contrario, se rinde. El que no es siervo se protege solo, muchas veces hasta con las Escrituras.

4) Promover a otros antes que a uno mismo.

Si quiere dar pasos seguros para una vida de autoentrega, y no de protección, promueva a otros antes que a usted mismo. Si como líder quiere que la única persona que sea promovida sea usted, está muy mal. Tiene que empezar a promover a los que están debajo de usted.

2. El método de la apertura.

En el caso de David, esto fue una apertura inducida. David se abrió porque la parábola de Natán lo forzó a que reconociera abiertamente que era culpable de inmoralidad y asesinato. Imagínese las últimas palabras de Natán a David en el último versículo: «Ese hombre eres tú». No le quedó otra alternativa que verse forzado a abrir su corazón.

El salmo 51 es una evidencia dolorosa de que el rey abrió su vida delante de Dios y del mundo. Usted y yo podemos saber la condición en que está David porque abrió su corazón. Mire lo que dice el salmo: *«Ten piedad de mí, oh Dios, conforme a tu misericordia; conforme a la multitud de tus piedades borra mis rebeliones. Lávame más y más de mi maldad, y límpiame de mi pecado. Porque yo reconozco mis rebeliones, y mi pecado está siempre delante de mí».*

Se fija cómo menciona muchas veces la misericordia de Dios, por ejemplo: *«conforme a la multitud de tus piedades borra mis rebeliones, lávame de mi maldad y de mi pecado».* El reconoció que estaba en un hoyo, que solamente la misericordia y la gracia de Dios podían rescatarlo.

La experiencia de David nos demuestra que eso le puede suceder a cualquiera, a usted y a mí. Él era un buen hombre, tanto que ni siquiera quiso matar al rey Saúl cuando pudo. ¿Recuerda esa historia? Lo tuvo en sus manos y no lo hizo. Igualmente dice la Biblia que era un hombre conforme al corazón de Dios, y si pudo permitir que esto sucediera en su vida, ¿quién puede decir «Eso nunca me va a pasar a mí»?

Creo que tenemos que evitar decir «De esa agua nunca beberé» o «A mí no». ¿Sabe qué? Todos peligramos respecto a esto. Si David fue llamado conforme al corazón de Dios, el hombre que llegó a tocar el corazón de Dios con los salmos que escribió; si a él le pasó eso, quiénes somos nosotros para decir: «Yo no peligro». Usted y yo peligramos constantemente.

Howard Hendricks envió una encuesta a algunos líderes religiosos que fracasaron moralmente y llegó a tres conclusiones.

1. No invirtieron tiempo en la Palabra ni en la oración todos los días.

O sea, ¿sabía usted que el fracaso moral no ocurre de la noche a la mañana? Cuando uno falla o fracasa no es porque lo planeó al instante, sino que ya iba decayendo en ciertas áreas, defensas y paredes que no debían decaer.

2. No rindieron cuentas ante nadie.

Son de los líderes que dicen: «Yo nada más le doy cuentas a Dios». No rinden cuenta a nadie. Si alguien les pregunta: ¿Cómo te va en tu vida espiritual? lo hallan ofensivo, porque no están bajo ninguna una autoridad.

3. Nunca pensaron que les sucedería.

Nunca pensaron que les podía pasar eso porque tenían una actitud que les hacía creer que no necesitaban estar conectados con la Palabra de Dios. La mentalidad de ellos era la siguiente: «Yo dirijo todos los días, yo enseño todos los días, yo estudio todos los días», etc.

«Estar adcertidos es estar armados de antemano», o como luego dicen: «Con sobreaviso no hay engaño».

Preguntas de aplicación y crecimiento

1. ¿Cuáles son los pasos para sobrevivir a los fracasos de la vida?

   1)

   2)

   3)

2. ¿Cuáles son las características de la persona en proceso?

   1)

   2)

   3)

   4)

   5)

3. ¿Cuáles son los dos métodos que relata este capítulo?

   1)

   2)

4. ¿Cuáles son los pasos para dar un rendimiento propio?

   1)

   2)

   3)

   4)

EL LÍDER ENFOCADO EN LAS PERSONAS DIFÍCILES

diez

Las ranas tienen una ventaja maravillosa, pueden comerse cualquier mosca.

¿Qué es lo que le molesta respecto a las personas? Pablo nos dice en Romanos 12:18: «*Si es posible, en cuanto dependa de vosotros, estad en paz con todos los hombres*». Si es posible, porque a veces no lo es, en otras palabras, ponga su parte para llevarse bien con todos. Quiero que comprenda que una que otra vez, usted tendrá relación con personas difíciles; que por más que procure llevársela bien con ellos, no va a poder, porque no va a controlar la manera de ellos responder. Lo que sí va a controlar es cómo usted responde; eso sí es posible. Por eso Pablo afirma que en cuanto a usted dependa, llévesela bien con ellos.

La clave para las relaciones exitosas es la responsabilidad.

Creo que cada persona dentro o fuera de la organización, o en una posición de liderazgo, tiene que ser responsable por lo que hace y por cómo responde a lo que hace. Todas las relaciones pueden mejorar si tomamos responsabilidad en las siguientes tres áreas.

1. Soy responsable de cómo trato a otros.

Cada uno es responsable de la manera en que trata a los demás.

2. Puede que no sea responsable por cómo otros me tratan a mí.

Puede ser que ellos nos traten como nosotros los tratamos, y es probable que yo sea responsable de la forma en que me trataron, pero puede ser que no. Aun así depende de lo que uno haga con ellos.

3. Soy responsable de cómo respondo a aquellos que son difíciles.

Yo soy responsable de cómo voy a responderles a quienes son difíciles.

Así que, de las tres áreas, soy responsable total, pero en una de ellas puede ser que tenga menos responsabilidad.

A continuación describiré a las personas difíciles.

[CÓMO IDENTIFICAR Y TRATAR CON LAS PERSONAS DIFÍCILES]

1. Las personas que son tanques (carro de combate).

Cuando digo tanques me refiero a un artefacto de guerra que viene con toda su fuerza. Ver a este tipo de personas me intimida.

Son tanques porque arrasan todo lo que se les atraviesa. Son personas aterradoras.

Atropellan a los demás, son agresivos, a menudo, hostiles, piensan que son los únicos que están bien. ¿Conoce a alguien así? Permítame darle tres estrategias para tratar con ellos.

1) Considere el asunto.

Cuando vaya a tratar con estas personas considere el asunto muy bien. Usted no querrá irse a la guerra a menos que valga la pena. Si va a lidiar en ese frente, agárrese fuerte o déjelos.

2) Considere la influencia de ellos.

Tome en cuenta quién es la persona y cuánta influencia tiene sobre el grupo que representa. Si no tienen mucha influencia, no lo tome en cuenta, pero si la tiene tenga cuidado.

3) Sosténgase firme si el asunto es importante, y prepárese para pagar el precio.

Cuando se enfrente a este tipo de personas tanque, sosténgase firme. Si el asunto es importante, prepárese para pagar el precio. Rara vez se trata con ellos sin pagar algún tipo de precio. Estas personas no entienden que hay una comunicación de dos vías, mucho menos el concepto de dar y recibir o el principio de que todos ganan. Estas personas casi siempre están compitiendo. Pero si el asunto no es importante, quítese del camino y déjelos ganar, porque si no, lo van a aplastar.

2. Las personas que viven en el espacio.

¿Cuál es mi reacción a este tipo de personas? Es de frustración. Uno se frustra mucho con las personas que siempre viven en las nubes. Veamos algunas de sus características: viven en otro mundo, no caminan al mismo ritmo, no responden a una motivación normal. Creo que todos conocemos gente que parece que viven en otro mundo, o andan en otro canal y nunca al compás de uno. La estrategia para tratar con ellos es la siguiente:

1) No evalúe su liderazgo por la reacción de ellos.

Si va a evaluar su liderazgo por la reacción de esa persona, está mal ¿sabe por qué? Porque nunca están con usted, están en otro mundo. Pero el hecho de que anden como en el espacio no tiene nada que ver con usted. Aunque usted tenga el mejor entrenamiento como líder no les ayudará. Es probable que ni siquiera se den cuenta de que está tratando de ayudarles. Aun es posible que ni lo perciban como líder. Así que nunca evalúe su liderazgo por la manera en que reaccionen.

2) No ponga a personas de esa clase en una posición de liderazgo.

Ese es un gran error. El que este tipo de personas sean creativas hace que muchas veces los hagamos líderes, pero no tienen habilidades para el liderazgo. Son un equipo de una sola persona, ellos lo hacen todo, y no les gusta trabajar con gente. Además, no están capacitados para ser líderes, porque son más bien científicos, creativos, personas que quieren estar solos para pensar y procurar otro tipo de resultados.

3) No ponga muchas reglas y restricciones sobre estas personas.

Me llama tanto la atención este punto que me pregunto: ¿Por qué no poner reglas y restricciones sobre estas personas? Porque no las respetan. No comprenden lo que son las reglas y las restricciones. Su creatividad no les permite verlas. Muchas veces queremos encerrarlos con cláusulas, manuales de operación y rutinas, pero a ellos no les gusta.

4) Busque la especialidad de ellos y desarróllela.

Eso sí nos toca hacerlo a nosotros. A la gente que vive en el espacio le tenemos que buscar su especialidad y desarrollarla.

Son verdaderos genios porque son creativos. Esto me recuerda a un hombre de negocios que tenía a un empleado que sólo miraba hacia fuera por la ventana. El resto de los trabajadores empezó a protestar, y uno de ellos fue y le dijo: «¿Sabe que este fulano de tal no hace nada, solo ve por la ventana todo el día?» Y el jefe le dijo: «Sí, lo sé. Pero, ¿sabe que hace seis meses me dio una idea que me hizo ganar un millón de dólares por sólo estar viendo a través de la ventana? Así que lo puedo dejar allí el tiempo que quiera». De forma que el no hacía nada, aparentemente, hacía más que los demás.

3. Las personas que son volcanes.

Particularmente reacciono ante estas personas con tensión. Son esa clase de gente que causan tensión por doquier. Son explosivas, impredecibles, y no se les puede uno acercar.

Con las personas que son como unos tanques usted sabe qué esperar, porque si no se quita del camino lo atropellan; pero con uno que es un volcán, todo va bien y de repente explotan. La estrategia para tratar con este tipo de personas es la siguiente:

1) Aléjelos de la gente.

No los ponga en contacto con la gente, porque harán todo lo posible para llamar la atención. Así que póngalos a sacar la basura, a abrir y cerrar puertas, a limpiar; pero aléjelos de la gente porque cuando no están de buen humor explotan y tienden a hacerlo en público. No explotan cuando están solos, porque no les conviene. ¿Quién les va a hacer caso? Para muchos de ellos la tensión es la manera de llamar la atención. Siempre me ha llamado la atención que cerca de los volcanes haya gente viviendo. Me pregunto ¿por qué esa gente vive ahí? Si sabían que había un volcán, ¿por qué se le acercan tanto? Eso es exactamente lo que hacemos en una organización o en una empresa; ponemos a la gente cerca del volcán.

2) Permanezca calmado.

Nada va a ganar si es presa de pánico con ellos. El volcán explota de cualquier forma.

3) Pídales que tomen asiento.

Porque cuando están parados son peligrosos.

4) Escúchelos sin interrumpir.

Déjelos hablar. Estas personas tienen la tendencia de sacar todo fuera de equilibrio. Los volcanes perturban todo su entorno. Siempre exageran.

5) Pídales que repitan los detalles.

Escriba todos los detalles y luego pídales que se lo repitan, ejemplo: «Toda la gente está enojada». Pregúntele ¿cuántas personas? «Cuatro»; esto le ayudará a poner todo en perspectiva.

6) Elimine las exageraciones.

Cuando ellos hablen quíteles las exageraciones.

7) Déles una respuesta suave y clara.

Porque si usted explota con ellos lo que va a pasar es que ahora serán dos volcanes. Mejor déles una respuesta suave y clara, porque de otra manera no se van a entender.

8) Hágalos responsables de lo que están diciendo.

Si le dicen: «Se lo voy a decir a usted, pero no se lo repita a nadie, porque a mí me lo confiaron», respóndales: «Te haré responsable de lo que me digas y voy a hablar con toda esa gente, para informarles lo que me dijiste». Le aseguro que apagará el volcán, pero tiene que hacerlo responsable. Recuerde la palabra clave «responsabilidad».

4. Las personas que se chupan el dedo.

Mi reacción ante este tipo de personas es preocupación o carga. Realmente son una carga porque son como niños. Hacen pucheros, dan lástima, hacen que la gente les sirva en la boca. Por ejemplo, «Si no hacen lo que quiero me voy»; «Voy a dejar de cooperar». Hay mucha gente que amenaza en varias maneras. Usted se va a encontrar a sí mismo planteándose las siguientes preguntas: ¿Cómo puedo animarlos? ¿Qué puedo hacer? ¿Qué debo decirles? ¿Puedo llevarlos a comer? Este tipo de gente siempre quiere atención.

[ESTRATEGIAS PARA TRATAR CON ELLOS]

1) Hágales saber que su estado de mal humor es su decisión.

Hágales comprender que si están mal es porque quieren estar así, y no quieren crecer. Esa condición es su decisión. Dios no nos llamó a quedarnos como estamos, sino a madurar.

2) Anímelos a que se basen en el carácter y no en las emociones.

Este tipo de gente se basa más en las emociones que en el carácter. Anímelos a que hagan lo contrario. Recuérdeles que es mejor hacer lo que está bien que sentirse bien. Usted no puede depender de cómo se sienta para hacer el bien. Tiene que animarlos a que se basen en el carácter y no en las emociones.

3) Expóngalos a personas con verdaderos problemas.

Este tipo de personas tienen mucha lástima de sí mismos, por lo que se benefician al ser expuestos a gente que verdaderamente tiene problemas.

4) Nunca recompense a los tercos u obstinados.

Es un comportamiento controlable. Aunque le digan: «Es que no puedo hacer nada al respecto, así soy», sí pueden controlarse. ¿Sabe cómo? Ignórelos y obsérvelos. Son como niños, pueden estar llorando a voz en cuello, pero si ocurre algo divertido cambian de actitud de inmediato.

5. Las personas que son «cobijas mojadas».

Mi reacción ante este tipo de personas es la fatiga. Son esa clase de gente que lo exprimen a uno, le quitan la energía. Las características de estas personas es que ven un problema en cada solución, todo es negativo para ellos, les gusta mucho la expresión: «Sí, pero...» Ya cuando sale ese «pero», algo anda mal. Las personas que se chupan el dedo ocasionalmente son negativas, pero los de la cobija mojada están abajo constantemente. Nunca levantan vuelo.

Estrategias

1) Sea honesto con ellos.

Si la gente no los pasa, dígaselos y explíqueles por qué. «Sabe que cae mal, por eso le voy a hablar con sinceridad». Dígales la verdad y sea honesto con ellos. Necesita ayudarlos a cambiar su entendimiento sobre el afecto. Esto es importante porque no pueden distinguir entre el afecto y la educación. Cuando empiezan a quejarse y volar bajo, la gente se comporta bien con ellos y los recibe con afecto y cariño. Pero deben entender que no es un afecto verdadero, sino que la gente es educada y no quiere lastimarlos. Debe guiarlos para que cambien.

2) No trate de complacerlos.

Porque si eso pasa, nunca lo va a llenar. Es como un pozo sin fondo.

3) Recuérdeles los éxitos pasados cuando pensaban que fracasarían.

Recuérdeles algo bueno para que no piensen que todo es negativo en la vida.

4) No les permita que ahoguen su entusiasmo.

El problema con este tipo de personas es que tienen la tendencia de deprimir a todos. No lo permita. Si ve que no tiene ya energías para seguir con ellos, hágase a un lado.

5) Evítelos lo más que pueda.

Las relaciones es un camino de dos vías, va y viene. Cuando la relación es un camino de un solo sentido hay accidentes. Por eso hay muchas relaciones con problemas, porque uno de los dos solamente da. A veces que alguien es un amigo y apenas es un conocido.

6. Las personas que coleccionan basura.

Mi reacción ante este tipo de personas es que los confronto. Se caracterizan porque se rodean de gente negativa, ven todas las cosas a través del filtro de sus propios problemas personales, sacan lo peor de otros y atraen a los perdedores.

Estrategia

1) Confróntelos con todas las personas involucradas.

Si va a confrontar a una persona así debe tener a todas las personas involucradas presentes. Dígale que le dé todos los nombres de las personas involucradas, porque casi siempre llega con toda la basura pero no con el remedio. No dice nombres porque alega «que es confidencial». Pero si es confidencial que no lo diga entonces. Cuando alguien así me aborda, le informo que no soy un bote de basura para que lleguen y me tiren todo.

2) Desafíe lo que dicen.

Estas personas tienen la tendencia de exagerar para impactar con más fuerza. Pídales detalles y rételos a que le den pruebas de lo que afirman.

3) Haga que se confiesen ante las personas que han dañado.

En otras palabras, estas personas no van a parar de juntar basura hasta que usted los haga confesar, y que vayan y pidan perdón a las personas que han involucrado y lastimado. A esa clase de personas no les gusta la confrontación y menos delante de la gente que han involucrado.

4) Expóngalos ante el liderazgo de la organización.

A este tipo de personas tiene que mostrarlos ante el liderazgo. Cuando vea que alguien causa problemas, ponga al corriente a sus líderes. Usted no puede controlar todo, pero sí puede hacerlo a través de los líderes, y así estos ayudarán a cuidar la organización.

7. Las personas manipuladoras.

Mi reacción ante este tipo de personas es que me siento manipulado. Se caracterizan porque demandan mucho tiempo y energías. Hacen que la gente se sienta culpable y se rehúsan a aceptar responsabilidades.

Estrategias

1) Ponga límites a su voluntad de ayudarlos.

Usted tiene que establecer límites para ayudar, porque pueden manipularlo muy fácilmente.

2) Requiera responsabilidad.

Usted tiene que demandar responsabilidad de esta gente; se debe crear una relación dar-recibir. Dígales: «Yo voy a hacer esto por ti, pero tú debes hacer esto por mí, y espero que cumplas con esa responsabilidad. No te sientas culpable ni obligado si no lo haces».

[¿CÓMO TRATÓ DAVID CON ESE PUEBLO DIFÍCIL?]

El segundo libro de Samuel 21:1-2 enseña que hubo tres años consecutivos de hambre, y David comenzó a buscar a Dios para pedirle dirección. Y Dios le dijo que fuera con el pueblo a los gabaonitas y que enmendara lo que Saúl hizo. Recuerde que Saúl quiso deshacerlos y exterminarlos de la tierra porque Dios había mostrado favor con ellos. Y ellos pidieron a siete de sus hijos para colgarlos, y David se los dio excepto al nieto de Jonatán porque había hecho pacto con este de que iba a cuidar de su familia, pero les dio siete y los colgaron. Era un pueblo difícil ya que ni era escogido ni parte de Israel, y David tuvo que tratar con ellos.

¿Habrá razones para que Dios permita que haya dificultades y personas difíciles en nuestro camino? Creo que sí; veamos cinco de ellas.

1) Cosechamos lo que sembramos.

¿Acaso no cosechamos nuestros propios problemas? ¿Acaso no merecemos algunas de las personas difíciles que están en nuestro camino? Claro que sí, muchas veces este tipo de personas o dificultades llegan porque simplemente estamos cosechando lo que sembramos.

2) Los pecados de la generación pasada.

Muchas veces este es el resultado de los pecados de nuestros padres. El pecado en la historia de Saúl lo estaba cosechando David.

3) El orgullo.

El orgullo muchas veces permite que Dios ponga personas difíciles o dificultades en nuestro camino.

4) Para depender más de Dios.

Dios pone estas situaciones para que aprendamos a depender más de Él.

5) Porque nos ayuda para apoyar a otros.

Dios pone estas dificultades puesto que de esa manera podemos darles apoyo a otros.

¿CÓMO ES QUE EL LÍDER PUEDE REDUCIR LA CRÍTICA QUE HEREDA DE LOS LÍDERES PASADOS?

Aquí David pagó el precio por algo que Saúl hizo. Este quiso eliminar a todos los gabaonitas, pero David tuvo que tratar con el hambre, tres años consecutivos. Y dice la Biblia que fue debido al error de Saúl.

1) Invierta tiempo en la oración.

David invirtió tiempo en oración preguntándole a Dios por qué tenía que tratar con ese problema. Si se fija en los versículos 2 en adelante, observará que le pregunta a Dios e invierte tiempo con Él.

2) Enfrente el asunto.

Para reducir la crítica que hereda de los líderes, enfrente el asunto. David lo hizo.

3) Camine la segunda milla.

David caminó la segunda milla con esto. ¿Qué puedo hacer? David no tenía por qué hacerlo pero lo hizo.

[AL TRATAR CON LAS CRÍTICAS]

¿Cómo determina el líder a quién escuchará primero? ¿Cómo podemos discernir si la crítica es válida o no?

1) ¿Quién lo dice? La influencia.

¿Quién lo dice o quién crítica? En otras palabras, cuánta influencia tiene esa persona al tratar con las críticas. ¿De qué fuente proviene?

2) ¿Qué fue lo que se dijo? La importancia.

¿Cuán importante es lo que se dijo?

3) ¿Quién lo escuchó? Los involucrados.

¿Quiénes fueron los involucrados?

4) ¿Por qué se dijo? Los motivos.

¿Cuáles eran los motivos?

5) ¿Cuándo se dijo? El tiempo.

El tiempo en que se dijo.

¿Qué tanto debe hacer un líder para satisfacer las quejas de un crítico?

Mire lo que dice David en 2 Samuel 21:3-4: «*Dijo, pues, David a los gabaonitas: ¿Qué haré por vosotros, o qué satisfacción os daré, para que bendigáis la heredad de Jehová? Y los gabaonitas le respondieron: No tenemos nosotros querella sobre plata ni sobre oro con Saúl y con su casa; ni queremos que muera hombre de Israel. Y él les dijo: Lo que vosotros dijereis, haré».*

PREGUNTAS PARA CONSIDERAR

David pudo contestar cada una de estas preguntas con un «sí».

1) ¿Estaba la persona verdaderamente equivocada?

En otras palabras, cuando David trató con este asunto preguntó: ¿Estaba Saúl equivocado cuando atacó a esta nación? Claro que sí, Saúl no tenía por qué exterminarlos. Dios no lo había enviado a exterminarlos; simplemente porque poseía celo nacionalista quiso acabarlos.

2) ¿Está Dios tratando conmigo respecto a este asunto?

Creo que sí, que Dios estaba tratando con él.

3) ¿Evita esto que Dios me bendiga?

Sí, porque David ya estaba desesperado como rey.

4) ¿Habrá una solución para el problema?

Sólo se hace esta pregunta si se puede contestar a las anteriores positivamente porque si usted dice en la pregunta número 2 que «Dios no está tratando conmigo» entonces no hay solución. David tuvo que contestar afirmativamente en las primeras tres para poder traer una solución. Porque ellos dijeron que no era con los hebreos. David lo que quería era un arreglo, entendió que Saúl hizo mal, entendió que Dios estaba tratando con él porque lo llevó a sus rodillas.

Hay cierto tiempo cuando no hay respuesta a la solución. ¿Sabe por qué? Porque no examinamos bien nuestro corazón, como lo hizo David con esas primeras preguntas.

¿IRÍA DAVID MUY LEJOS AL TRATAR DE COMPLACER A LOS GABAONITAS?

Cuando David hizo todo eso, Dios lo empezó a bendecir. En el versículo 14 dice: «*Y Dios fue propicio a la tierra después de esto*».

Principio del 101%
Encuentre el 1% en que está de acuerdo
y déle el 100% de su esfuerzo.

Los diez mandamientos de los líderes para tratar con los conflictos:

1. Siga el principio del 101%.

Enfóquese en lo que está de acuerdo con estas personas, y no en los desacuerdos. Concéntrese en sus áreas fuertes y no en sus debilidades.

2. Ame más a las personas que a los reglamentos.

Cualquiera que ame más los reglamentos que a las personas, elevará los reglamentos y decepcionará a la gente. Estamos en el negocio de las personas, pero eso no significa que no debemos tener reglamentos. Necesitamos hacer de las personas la prioridad, no al reglamento. Muchas veces las organizaciones fallan porque la prioridad es el reglamento, y eso no es correcto. Aunque la organización necesite su reglamento, así como su estructura, el amor debe ir hacia las personas, y el líder tiene que entenderlo.

3. Déles a otros el beneficio de la duda.

Si es una persona difícil, concédale también el beneficio de la duda. Para tratar consigo mismo use su cabeza; para tratar con otros use su corazón. Y lo que hacemos es lo contrario, cuando tratamos con otros usamos la cabeza y cuando tratamos con nosotros mismos empleamos el corazón, «Pobrecito de mí». Esto no debe ser así.

4. Aprenda a ser flexible.

Si es un principio permanezca firme; si es un gusto, nade con la corriente. Mucha gente se pelea más por los gustos que por los principios.

5. Revise su actitud.

Lo que importa no es lo que me sucede, o lo que sucede alrededor de mí, sino lo que sucede en mí. Lo hemos dicho de esta manera: usted no puede evitar que los pájaros vuelen sobre usted, pero si puede evitar que hagan nido sobre su cabeza. Tiene que cuidar su actitud hacia esas personas, porque a veces cuando uno las trata, lo hace sin amor y lo cierto es que uno preferiría barrer con ellos.

6. No exagere con los conflictos.

Como líder, manténgase enfocado para no exagerar los conflictos.

7. Déle la bienvenida al conflicto, y hágalo una experiencia de aprendizaje.

El conflicto está ahí, pero lo importante es cómo aprender de él.

8. Provea una puerta de escape para la persona en conflicto.

Debe tener una puerta de escape para la persona en conflicto. La grandeza de un líder puede determinarse por la manera en que trata a otros cuando están en el suelo. No los deje ir sin la responsabilidad, déles otra oportunidad, pero con responsabilidad, de esa manera puede restaurarlos. Por eso es muy importante que cuando usted los confronte, les dé una puerta de escape. Si Dios nos la da a nosotros cuando estamos en tentación, «juntamente con la tentación nos dará la salida...», también nosotros tenemos que darles esa opción a ellos.

9. Arriésguese.

Déle a la gente una segunda oportunidad o el beneficio de la duda. Alguna vez lo van a decepcionar de nuevo, pero otras veces responderán positivamente. Tiene que arriesgarse, ya lo lastimaron una vez, pero ahora déle la oportunidad, aunque con cuidado. Tal vez lo vuelvan a decepcionar, pero ya no es su culpa. No lo fue porque no quiso, fue porque ellos no quieren cambiar. Yo decidí, hace muchos años, que no iba a permitir que me lastimaran. ¿Sabe qué? Descubrí que si no permito que la gente me lastime, voy a poner barreras para que no se acerquen. Y si la gente no se me acerca, no me van a poder ayudar tampoco. Entonces decidí que la gente se me acercara y el que me lastime, ni modo, pero al menos voy a tener gente alrededor de mí que me va a ayudar. El que no se le puede acercar a usted nunca le va a poder ayudar.

10. Tome el camino más elevado.

Haga esto aun cuando no concuerde con la otra persona, o no le parezca. El punto es que podemos pelear con ellos y no llegar a nada, o podemos ayudarlos a comprenderse, y posiblemente encontrar una solución. Uno como líder siempre tiene que andar por el camino más elevado, y eso requiere más sacrificio, más compromiso, y caminar la segunda milla. Siempre digo que toda la gente en el liderazgo está expuesta a ser criticada y rechazada.

¿Quiere ser líder? Simplemente está pidiendo convertirse en un blanco para toda la gente. El líder tiene que caminar siempre por el camino más elevado y caminar la segunda milla para que Dios siga prosperando su vida.

[EN BUSCA DE UN *LIDERAZGO ENFOCADO.*]

Como líderes debemos tener la responsabilidad de mantenernos enfocados, puesto que así sabemos la dirección en la que vamos. Muchos líderes nunca llegan. A duras penas alcanzan sus destinos porque han perdido el rumbo hacia la vía que llevaban en su organización.

Muchos pierden *el enfoque en su relación con Dios* porque descuidan la manera de mantener ese acercamiento, ya que se encuentran demasiado ocupados. Otros pierden el *enfoque en su pasión espiritual* porque se acostumbran a hacer lo que realizan de una manera mecánica.

Aun otros pierden su *enfoque en su intimidad con Dios* por no distinguir lo urgente de lo importante. Otros líderes han perdido el enfoque en la percepción puesto que no han tomado en serio que ellos son únicos y que tienen un propósito definido. Otros más pierden su *enfoque en la visión* porque el precio llega a ser demasiado elevado para pagarlo.

Los líderes pierden el *enfoque en la toma de decisiones* porque no buscan el consejo necesario en lo que están tratando de llevar a cabo. Unos pierden el *enfoque en la edificación del equipo*, puesto que no se dan cuenta de que la gente que los rodea quiere contribuir con ellos en algo significativo. Varios de ellos pierden el *enfoque en el uso del poder* porque la posición llegó a ser más importante que las personas.

Hay otros que pierden el *enfoque en el fracaso* porque no se mantuvieron concentrados en la perspectiva correcta de lo que les estaba sucediendo. Finalmente otros pierden *el enfoque al tratar con las personas difíciles* porque se han rodeado de gente conflictiva. De por sí la tarea es demandante, y tener gente difícil alrededor de uno es todo un desafío.

Mi deseo es que usted se mantenga *enfocado* en la tarea única que ha recibido en la vida. Recuerde que sólo hay una vida y pronto pasará. Sólo lo que se haga por Cristo permanecerá. Adelante con su *Liderazgo Enfocado* hasta llegar a la meta.

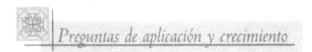

Preguntas de aplicación y crecimiento

1. ¿Cuál es la clave para las relaciones exitosas?

2. Enumere las categorías que describen a las personas difíciles.

1)

2)

3)

4)

5)

6)

7)

3. Al estudiar sobre la vida de David, ¿qué debemos hacer para determinar a quién escuchar primero?

1)

2)

3)

4)

5)

4. Escriba y estudie los diez mandamientos de los líderes al tratar con los conflictos.

1)

2)

3)

4)

5)

6)

7)

8)

9)

10)

Sobre el autor

Dr. Abel Ledezma, pastor.
Escalando un nivel más alto en el Liderazgo
Nuestra misión, su crecimiento.

Nació en Nuevo México, Estados Unidos, en un hogar de padres cristianos. Algunos de sus familiares más cercanos también son pastores. Desde temprana edad recibió el llamado de Dios y desde su juventud ha estado permanentemente activo en el ministerio. Es un discípulo sobresaliente del Dr. John Maxwell. Junto con su esposa Rosye e hijos —Abel Isaac y Damaris Eunice—, fundó la iglesia Centro Familiar Cristiano en San Diego, California. Centro Familiar Cristiano tiene como propósito alcanzar y ministrar a las familias. Durante sus primeros siete años bajo el liderazgo del Dr. Ledezma, Centro Familiar Cristiano ha llegado a ser una iglesia familiar sólida y con un propósito y visión que impacta a San Diego y sus alrededores. El Dr. Ledezma ha sido reconocido como uno de los líderes hispanos de mayor influencia; además tiene gran pasión por capacitar a los pastores y líderes. Eso lo llevó a establecer la Conferencia Liderazgo Enfocado, en la que desarrolla conferencias de liderazgo con pastores, empresarios y profesionistas, a nivel espiritual y secular. Es fundador de Centro de Asesoría en Mayordomía (CAM), una empresa dedicada a ayudar a las iglesias con la mayordomía, y así poder incrementar sus finanzas y llevar a cabo su visión. Con una experiencia de treinta y un años en el ministerio, ha sido conferencista para diferentes denominaciones y organizaciones cristianas y seculares, tanto en los Estados Unidos como en Puerto Rico, México y Centro América. Ha ministrado a pastores, matrimonios, líderes y jóvenes en todos estos lugares. Fue director del Ministerio Hispano de Injoy Servicios de Mayordomía. En mayo del 2001 Editorial Caribe-Betania publicó su primer libro *Cambie sus Tragedias en Triunfo*, el cual está dentro de los veinte libros más vendidos por esta editorial. En agosto de 2004 salió a la venta su segundo libro *Poder para vivir*, que también fue presentado por Editorial Caribe-Betania. Ahora nos presenta su tercera obra *Liderazgo Enfocado*.

PARA RECIBIR MÁS INFORMACIÓN:

CENTRO FAMILIAR CRISTIANO
955 Cardiff St.
San Diego, CA. 92114

Tel: 619-667-2770
Fax: 619-667-2776

www.centrofamiliarcristiano.com
www.liderazgoenfocado.com

CORREO ELECTRÓNICO:
www.info@liderazgoenfocado.com
abelinfo@cfc.sdcoxmail.com

Otros títulos
por Abel Ledezma

ISBN: 0881136387

CAMBIE
sus
TRAGEDIA
en
TRIUNFOS

...ilando un nivel más alto en el liderazgo

BEL LEDEZMA
Prólogo por John C. Maxwell

PODER
P A R A
Vivir

ABEL
LEDEZMA

PRÓLOGO POR JOHN C. MAXWELL

CARIBE-BETANIA EDITORES
Una división de Thomas Nelson Publishers
www.caribebetania.com

ISBN: 0881138282

www.ingramcontent.com/pod-product-compliance
Ingram Content Group UK Ltd.
Pitfield, Milton Keynes, MK11 3LW, UK
UKHW031126120325
456135UK00006B/90